Grundriß

des

Österreichischen Rechts

in systematischer Bearbeitung.

Unter Mitwirkung von

Dr. J. Freiherr von Anders, Professor in Graz, Dr. P. Ritter Beck von Mannagetta, Sektionschef und Vorstand des Patentamtes in Wien, Dr. E. Demelius, weiland Professor in Innsbruck, Dr. A. Finger, Professor in Halle a. S., Dr. O. Frankl, Professor in Prag, Dr. C. S. Grünhut, Hofrat und Professor in Wien, Dr. J. Hanel, Hofrat und Professor in Prag, Dr. F. Hauke, Professor in Graz, Dr. F. Hilscher in Wien, Dr. M. Ritter von Hussarek, Sektionschef und Professor in Wien, Dr. H. Lammasch, Hofrat und Professor in Wien, Dr. V. von Mataja, Sektionschef und Professor in Wien, Dr. F. Freiherr von Myrbach-Rheinfeld, Professor in Innsbruck, Dr. E. Pfersche, Professor in Prag, Dr. A. Rintelen, Professor in Prag, Dr. W. Schiff, Privatdozent in Wien, Dr. H. M. Schuster, weiland Hofrat und Professor in Prag, Dr. M. Schuster von Bonnott, Hofrat in Wien, Dr. L. Spiegel, Professor in Prag, Dr. L. Szalay, Ministerialrat im Reichsfinanzministerium in Wien, Dr. J. Ulbrich, Hofrat und Professor in Prag, Dr. D. Ullmann, weiland Hofrat und Professor in Prag, Dr. G. Walker, Privatdozent in Wien

herausgegeben von

Professor **Dr. A. Finger** und Professor **Dr. O. Frankl.**

Erster Band, zweite Abteilung.

E. Pfersche, Grundriß der Allgemeinen Lehren des bürgerlichen Rechts.

Leipzig,

Verlag von Duncker & Humblot.

1907.

Grundriß

der

Allgemeinen Lehren des bürgerlichen Rechts.

Von

Dr. Emil Pfersche,

Universitätsprofessor in Prag.

Leipzig,
Verlag von Duncker & Humblot.
1907.

Alle Rechte vorbehalten.

Pierersche Hofbuchdruckerei Stephan Geibel & Co. Altenburg.

Inhaltsübersicht.

Das Privatrecht im objektiven Sinne.

		Seite
§ 1.	Das allgemeine bürgerliche Gesetzbuch	1
§ 2.	Entstehung des Privatrechts	2
§ 3.	Geltungsbereich des Privatrechts	5
§ 4.	Ausländisches Recht	7
§ 5.	Auslegung	10

Personen.

§ 6.	Allgemeines	13
§ 7.	Die Menschen	13
§ 8.	Rechtsfähigkeit	14
§ 9.	Rechtlich bedeutsame Beziehungen	16
§ 10.	Beschränkte Handlungsfähigkeit	18
§ 11.	Juristische Personen	19

Sachen.

§ 12.	Die Individualisierung der Sachen	23
§ 13.	Rechtlich wichtige Eigenschaften der Sachen	25
§ 14.	Geld	27
§ 15.	Verkehrsunfähige und öffentliche Sachen	27
§ 16.	Die Bewertung der Sachen	29

Rechtsverhältnisse.

§ 17.	Begriff und Arten	30
§ 18.	Dingliche Rechte, dingliche Klagen	32
§ 19.	Subjektive Beziehungen	35
§ 20.	Inhalt der Rechtsverhältnisse	36
§ 21.	Schutz der Rechtsverhältnisse	38

Tatbestände.

§ 22.	Übersicht	40

Die Rechtsgeschäfte.

§ 23.	Gültigkeit und Ungültigkeit der Rechtsgeschäfte	40
§ 24.	Begriff und Erscheinung des Rechtsgeschäftes	42
§ 25.	Vertrag	44
§ 26.	Form der Rechtsgeschäfte	45
§ 27.	Auslegung der Rechtsgeschäfte	47
§ 28.	Anomalien der Rechtsgeschäfte	47

		Seite
§ 29.	Inhalt der Rechtsgeschäfte	49
§ 30.	Bedingung, Befristung	52
§ 31.	Auftrag, Rücktrittsrecht	54
§ 32.	Vertretung	56

Widerrechtliche Handlungen, Schadenersatz.

§ 33.	Allgemeines	59
§ 34.	Verschulden in Kontraktsverhältnissen	61
§ 35.	Außerkontraktliches Verschulden	62
§ 36.	Sonstige Ersatzpflichten	64

Der Zeitablauf.

§ 37.	Zeitberechnung	65
§ 38.	Die Anspruchsverjährung	66
§ 39.	Gebrauchsverjährung	69
§ 40.	Sonstige Rechtsaufhebung durch Zeitablauf	69

Literaturübersicht.

Allgemeines bürgerliches Gesetzbuch für das Kaisertum Österreich, 1811 (zitiert: abGb.: die Paragraphenzahlen ohne weitere Bestimmung beziehen sich auf dieses Gesetz).

Ofner, Julius, Der Urentwurf und die Beratungsprotokolle des abGb., 1889. 2 Bde. (Zit.: Prot.)
Harrasowsky, Th. v., Der Codex Theresianus und seine Umarbeitungen. 5 Bde. 1883—1886. (Zit.: Cod. Ther.)

Zeiller, Franz v., Kommentar über das abGb. 5 Bde. 1811—1813. (Zit.: Zeiller).
Stubenrauch, Moriz v., Kommentar zum abGb. (1. Ausg. 1854). 8. Aufl. 2 Bde. 1902. (Zit. Stubenrauch.)
Kirchstetter, L. v., Kommentar zum abGb. (1. Ausg. 1868). 5. Aufl. 1894. (Zit.: Kirchstetter).
Pfaff, Leopold, und Hofmann, Franz, Kommentar zum abGb. Bd. I 1877—1882, Bd. II (Erbrecht) 1877—1887, unvollendet. (Zit.: Pfaff-Hofmann).
Unger, Josef, System des österr. allgemeinen Privatrechts (unvollendet). Bd. I 1856, II 1859, VI (Erbrecht) 1863. (Zit.: Unger.)
Schiffner, Ludw., Systematisches Lehrbuch des österr. allgemeinen Zivilrechts. Bd. I 1882. (Zit.: Schiffner.)
Krainz, Josef, System des österr. allgemeinen Privatrechts, herausgegeben von L. Pfaff, Bd. I 1885, Bd. II 1889. 4. Aufl., besorgt von A. Ehrenzweig. 1905. (Zit.: Krainz.)
Burckhard, M. E., System des österr. Privatrechts. Bd. I 1883, Bd. II 1883, Bd. III, 1 1889. (Zit.: Burckhard.)
Grundriß des österr. Rechts, herausgegeben von Finger, Frankl, Ullmann. Bd. I Abteil. 2 bis 5, Allgemeines bürgerliches Recht, und zwar:
    Pfersche, Emil, Allgemeine Lehren.
    Demelius, Ernst, Sachenrecht.
    Schuster, v. Bonnot Max., Obligationen.
    Anders, Josef, v., Familienrecht und Erbrecht.

Mischler, Ernst, und Ulbrich, Josef, Österr. Staatswörterbuch. I. Ausg. 1895—1897, II. Ausg. seit 1902. 4 Bde. (Zit.: ÖStWb.)
Demelius, Ernst, Das Pfandrecht an beweglichen Sachen. 1897.
Drei Gutachten über Reform des österr. Schadenersatzrechtes, erstattet von L. Pfaff, A. Randa, E. Strohal. 1880.
Exner, Adolf, Rechtserwerb durch Tradition. 1867.
Exner, Adolf, Österr. Hypothekenrecht. Bd. I 1876, Bd. II 1881.
Frankl, Otto, Die Formerfordernisse der Schenkung. 1883.
Hasenöhrl, Viktor, Österr. Obligationenrecht, 2. Aufl. Bd. I 1892, Bd. II 1899.
Lukas, Josef, Die Gesetzespublikation. 1901.
Pfersche, Emil, Die Irrtumslehre des österr. Privatrechts. 1891.
Pfersche, Emil, Österreichisches Sachenrecht. I 1893.

Randa, Anton, Der Besitz nach österr. Recht. 4. Aufl. 1895.
Randa, Anton, Das Eigentumsrecht nach österr. Recht. I 1884.
Schey, Josef Frhr. v., Die Obligationsverhältnisse des österr. Rechts. H. 1 (Darlehen) 1890, H. 2 (Leihe, Depositum) 1895.
Staub-Pisko, Kommentar z. deutschen Handelsgesetzbuch. Ausgabe für Österreich. 2 Bde. 1904.
Unger, Josef, Handeln auf eigene Gefahr. 2. Aufl. 1893.

„Allgemeine österreichische Gerichtszeitung". Wien, 1850 ff. (Zit.: Ger.Ztg.)
„Die Gerichtshalle". Wien, 1857 ff. (Zit.: Ger.H.)
„Juristische Blätter". Wien, 1872 ff. (Zit.: Jur.Bl.)
„Juristische Vierteljahrschrift". Prag, 1868 f. (Zit.: Jur. VJSchr.)
„Zeitschrift für das Privat- und öffentliche Recht der Gegenwart", herausgegeben von Prof. Dr. Grünhut. Wien 1874 ff. (Zit.: Wiener Ztschr.)

Peitler, Fr., Sammlung von Entscheidungen zum abGb. von 1813—1857. 2. Aufl. 1860.
Sammlung von zivilrechtlichen Entscheidungen des k. k. Obersten Gerichtshofes. 1859 ff. 34 Bde. mit Nr. 1 bis 16165 (zit.: Slg. Nr.), von Bd. 35 an Neue Folge mit neuer Zählung (zit.: Slg. N. F. Nr.).
Entscheidungen des k. k. Obersten Gerichtshofes in Zivilsachen, veröffentlicht von der Redaktion der „Allg. österr. Gerichtszeitung" von 1879 bis 1900, von diesem Gerichtshofe selbst seit 1901. Darunter das Judikatenbuch (zit.: Jud.) und das Spruchrepertorium (cit. Spr.rep.).
Erkenntnisse des k. k. Verwaltungsgerichtshofes, zusammengestellt von A. v. Budwinski seit 1878. (Zit.: Budw. Nr.)

Das Privatrecht im objektiven Sinne.

§ 1. Das allgemeine bürgerliche Gesetzbuch.

I. Gegenstand der vorliegenden Darstellung ist das in Österreich für alle Personen gleichmäßig geltende, in diesem Sinne „allgemeine" Privatrecht. Die Grundlage des allgemeinen Privatrechtes, daher auch den Ausgangspunkt seiner Darstellung bildet das „allgemeine bürgerliche Gesetzbuch" (zit. abGb.), das am 1. Juni 1811 mit einem kaiserlichen Patent (Kundmachungspatent) publiziert worden und mit 1. Januar 1812 in Wirksamkeit getreten ist.

Das abGb. erschien 1811 zuerst in einer offiziellen, von der Staatsdruckerei hergestellten Ausgabe und wurde in die Justizgesetzsammlung 1816 unter Nr. 946 aufgenommen. Das Kundmachungspatent Abs. X erklärt „den gegenwärtigen Deutschen Text" als Urtext, nach welchem die Übersetzungen in andere Landessprachen zu beurteilen sind.

Die älteren gesetzlichen und gewohnheitlichen Bestimmungen des allgemeinen Privatrechtes (s. diese bei Krainz § 2) sind mit der Kodifikation desselben durch das Kundmachungspatent al. IV ausdrücklich aufgehoben worden; daher kommen neben dem abGb. nur spätere Rechtsbildungen in Betracht, die dasselbe in einzelnen Punkten abgeändert oder ergänzt haben, und die später in den einzelnen Lehren anzuführen sind, z. B. über Grundbuchsrecht, Eherecht, Verlassenschaftsabhandlung, Notariat usw.

Ausgeschlossen von der folgenden Darstellung bleibt das für einzelne Gruppen von Personen oder Verhältnissen geltende „spezielle Privatrecht", das in besonderen Gesetzen normiert ist, wie Handelsrecht, Wechsel-, See-, Bergrecht, Autor- und Patentrecht usw.

Das abGb. wurde publiziert für die sogenannten „Deutschen Erblande" (s. dazu Pfaff-Hofmann I, S. 39) und gilt gegenwärtig prinzipiell für das ganze Gebiet des österreichischen Staates, das offiziell bezeichnet ist als „die durch den Reichsrat vertretenen Königreiche und Länder"; es ist also auch in diesem Sinne ein allgemeines.

II. Die Kodifikation des allgemeinen Privatrechtes hat eine lange Vorgeschichte (s. Pfaff-Hofmann I. S. 8 f.). Schon 1753 wurde eine Kommission mit der Ausarbeitung eines Gesetzbuches betraut, welche 1766 den ersten Entwurf — codex Theresianus genannt — beendete, der jedoch nicht sanktioniert wurde (s. Harrasowsky, Cod. Ther.).

Erst 1772 begann eine verkürzende Umarbeitung desselben nach dem Referat von Horten. Der erste Teil (Personenrecht) dieses umgearbeiteten Entwurfes wurde als (Josefinisches) Gesetzbuch am 1. November 1786 in Wirksamkeit gesetzt.

Die weiteren Beratungen gingen nicht unmittelbar von den bisherigen Vorarbeiten aus, sondern von einem ganz neuen, von dem Entwurfe Hortens wesentlich verschiedenen Entwurfe, der von Martini verfaßt, von naturrechtlichen Anschauungen und von dem preußischen Landrechte stark beeinflußt war. Derselbe wurde in einer von Martini geleiteten Kommission von 1790 bis 1796 durchberaten und in Westgalizien (13. Februar 1797), später auch in Ostgalizien als Gesetz eingeführt.

Doch erschien noch weitere Verbesserung nötig, welche einer eigenen Kommission anvertraut wurde. In derselben erfolgte die erste Lesung des westgalizischen Gesetzes, jetzt Urentwurf genannt, von 1801 bis 1806 nach dem Referate Zeillers. Eine Revision dauerte bis 1808, der noch eine Superrevision folgte. Die Protokolle über diese Beratungen liegen zum größten Teile vor, herausgegeben von J. Ofner und bilden ein wichtiges Hilfsmittel für die historische Interpretation des Gesetzes.

III. Das aBGB. enthält in fortlaufender Zählung 1502 Paragraphe und zerfällt in eine Einleitung und drei Teile. Nach der Einleitung (§§ 1—14), die einige allgemeine Lehren behandelt, folgt im ersten Teile als „Personenrecht" das Familienrecht in vier Hauptstücken (§§ 15—284); nur das Ehegüterrecht ist gesondert unter die Obligationen eingereiht. Der zweite Teil: „Von dem Sachenrecht" enthält das Vermögensrecht in zwei Abteilungen und 30 Hauptstücken. Die erste Abteilung (§§ 285—858) betrifft die sachenrechtlichen Verhältnisse und das Erbrecht, die zweite die Obligationen (§§ 859—1341). Der dritte Teil behandelt als „gemeinschaftliche Bestimmungen der Personen- und Sachenrechte" Bürgschaft und Pfandvertrag, Umänderung der Rechte durch Novation, Zession und Vergleich, die Aufhebung der Rechte nebst Ersitzung und Verjährung.

IV. Was die Bearbeitung des österreichischen Privatrechtes betrifft, so wurde nach einer langen Periode des Stillstandes erst wieder durch Unger (System des österr. allg. Privatrechts Bd. I, 1856) eine wissenschaftliche Behandlung desselben begründet, indem er für dasselbe die Fortschritte der deutschen Pandektendoktrin verwertete. Allerdings leiden die Arbeiten der von Unger eröffneten Periode vielfach an den Fehlern der gleichzeitigen Pandektendoktrin, welche, durch die vertiefte Kenntnis des „reinen" römischen Rechts verleitet, der gewohnheitlichen Fortbildung desselben im „usus modernus" nicht genügend Beachtung schenkte. Gerade gegenüber dem aBGB., welches so vielfach auf der damaligen Doktrin des gemeinen Rechts beruht, war dieser Fehler ein Hindernis, dem Inhalt des Gesetzes voll gerecht zu werden, so in der Lehre vom Besitz, von dem Titel des Eigentumserwerbs usw.

Eine etwas veränderte Richtung nahm die wissenschaftliche Bearbeitung im Laufe der siebziger Jahre, eine Richtung, die den erwähnten Fehler, zuweit gehender Romanisierung des österreichischen Rechts vermied, und durch Beachtung der eigentlichen Quellen und Materialien des aBGB. die historische Interpretation des aBGB. zur richtigen Geltung brachte. Als erstes Werk dieser Richtung kann bezeichnet werden der Kommentar zum aBGB. von Pfaff-Hofmann, dessen erstes Heft 1877 erschien.

Ein Verzeichnis der wichtigsten Bücher ist dieser Abteilung vorausgestellt; eine Übersicht über die größeren Werke gewährt für die Zeit bis 1877 der Kommentar von Pfaff-Hofmann I, S. 59 f., für die spätere Zeit Krainz (4) I, S. 30 f. Wer für eine Detailfrage die vollständige Literatur suchen will, ist auf die einschlägigen Partien von Krainz zu verweisen.

Einen entscheidenden Faktor für die Ausbildung unseres Rechtszweiges sollten die Entscheidungen der obersten Instanz bilden. Für das österreichische Privatrecht aber haben leider die Entscheidungen des obersten Gerichtshofes nicht jene Bedeutung erlangt, welche ihnen eigentlich zukommen könnte. Gerade das aBGB., das mit seiner übertriebenen Kürze so vieles dem richterlichen Ermessen überläßt, hätte als Ergänzung eine einheitliche, konsequente, wissenschaftlich begründete Judikatur dringend erfordert. Der oberste Gerichtshof dagegen hat die längste Zeit weder auf eine einheitliche, noch auf eine konsequente Praxis Wert gelegt, und hat eine theoretische Begründung seiner Billigkeitsentscheidungen geradezu vermieden. Allerdings sind Ansätze zu einer Besserung seit längerer Zeit unverkennbar, doch kann auch heute noch keineswegs behauptet werden, daß die der Praxis zukommende Aufgabe einheitlicher Rechtsfortbildung annähernd gelöst werde. Die Sammlungen der Entscheidungen sind in der Literaturübersicht angeführt.

§ 2. Entstehung des Privatrechts.

I. Die Normen über Entstehung und Wirkung des Privatrechts gehören dem öffentlichen Recht an, doch war es üblich, sie in der Darstellung des römischen und gemeinen

Privatrechts zu behandeln. Das abGb. hat sich dem angeschlossen und gibt in der Einleitung einige Regeln über das Privatrecht im objektiven Sinne.

Zur Entstehung eines Gesetzes war stets dessen „Kundmachung" erforderlich (§ 2). Die Kundmachung von Gesetzen war und ist stets Sache der politischen Behörden (Hfd. 16. Nov. 1827, JGS. S. 2319); gehörig kundgemachte Gesetze unterliegen nicht weiter einer richterlichen Prüfung ihrer Gültigkeit (Ges. v. 21. Dez. 1867 Nr. 144 Art. 7). Eine bestimmte Form der Publikation war früher nicht festgestellt. Die seit 1780 begonnenen amtlichen Gesetzsammlungen, die „Justizgesetzsammlung" und die „Politische Gesetzsammlung" waren nicht für die Publikation bestimmt, da die Gesetze oft lange nach ihrer Wirksamkeit darin erschienen. Doch wurde vielfach (aber nicht unbestritten s. Pfaff-Hofmann I, S. 140) angenommen, daß die Aufnahme in die Justizsammlung eine Republikation darstellt, welche jenen Verfügungen, die zunächst nur für einzelne Fälle oder Gebiete ergangen waren, allgemeine Geltung verleiht.

Seit dem kais. Pat. v. 4. März 1849, Nr. 153 ist die notwendige Form der Gesetzespublikation der Abdruck im „Reichsgesetzblatt" (RGBl.); die Nummer, unter der das Gesetz im RGBl. erscheint, dient nebst dem Datum der Sanktion zu dessen Individualisierung. Die Einrichtung des RGBl. ist zuletzt geregelt worden durch Ges. v. 10. Juni 1869, Nr. 113; der deutsche Text des RGBl. gilt als authentisch, die Ausgaben in anderen Sprachen sind offizielle Übersetzungen. Der Tag der Herausgabe und Versendung des deutschen Textes wird auf dem RGBl. bemerkt und gilt als Tag der Publikation. Andere Formen der Kundmachung der Gesetze sind natürlich nicht ausgeschlossen, sondern sogar je nach Bedarf auch vorgeschrieben. (Über die Publikation in älterer Zeit s. Pfaff-Hofmann I, S. 137; Lukas, „Gesetzespublikation", 1903.)

Fehler, die bei der Publikation unterlaufen (Abschreibeversehen, Druckfehler), können von den mit der Publikation betrauten (politischen) Behörden verbessert werden (z. B. §§ 163, 743 abGb. über Fehler im abGb. Pfaff-Hofmann I, S. 111). Fehler, die schon bei der Feststellung des Gesetzestextes unterlaufen sind (z. B. in § 591, § 163; vgl. dazu Hfd. v. 5. Apr. 1822), können nur im Wege der Gesetzgebung (authentisch) verbessert werden; bis dahin sind alle Fehler im Wege der Kritik und Interpretation zu konstatieren und unschädlich zu machen (Unger I, § 12; Lukas Ges.-Publ. S. 232 f.).

II. Gegenwärtig ist die Entstehung von Gesetzen verfassungsmäßig festgestellt; die Reichsgesetzgebung, welcher das Privatrecht ausschließlich vorbehalten ist, erfordert die Zustimmung beider Häuser des Reichsrates und die unter Gegenzeichnung eines verantwortlichen Ministers erfolgte Sanktion des Monarchen. Außerdem kann eine Norm von bedingter Gesetzeskraft unter bestimmten Umständen und in bestimmter Form durch den Monarchen allein geschaffen werden (Notverordnung). Von den Staatsbehörden können allgemein bindende Verfügungen (Verordnungen) nur „auf Grund der Gesetze" erlassen werden (Art. 11 StGrG. v. 21. Dez. 1867, Nr. 145); die Verordnungen, deren Gültigkeit der richterlichen Prüfung (Art. 7 StGrG. v. 21. Dez. 1867, Nr. 144) unterliegt, finden im Gebiete des Privatrechts selten Anwendung (z. B. die lokalen Verordnungen über die Beendigung der Wohnungsmiete auf Grund von § 1116 abGb. und Einf.Ges. z. ZPO. Art. XI).

Vor Einführung der konstitutionellen Regierungsform wurden Normen mit Gesetzeskraft durch den darauf gerichteten Willen des Monarchen geschaffen, der in verschiedenen Formen und unter verschiedener Bezeichnung sich äußern konnte. So hießen „Patente" und „kaiserliche Verordnungen" jene Verfügungen, in welchen der Monarch direkt der Öffentlichkeit gegenüber als sprechend erscheint. „Kabinettschreiben" sind an eine höhere Behörde gerichtete Äußerungen des Monarchen, deren Inhalt zwar auch allgemeine Vorschriften bilden können, die aber Gesetzeskraft erst erlangen durch entsprechende Publikation. Die Veröffentlichung einer kaiserlichen Entschließung von gesetzlicher Bedeutung durch eine oberste Behörde heißt „Hofdekret" (Hofkanzleidekret usw.).

Zur sicheren Erkennbarkeit gesetzlicher Verfügungen des absoluten Monarchen wurden 1851 verschiedene Förmlichkeiten der Gesetze statuiert. In früherer Zeit konnte es in manchen Fällen fraglich sein, ob die Äußerung des Monarchen eine allgemein bindende Norm aufstellen sollte. Die Entscheidung dieser Frage konnte aber, wie die Gesetzespublikation, nur den politischen Behörden zufallen; sie fiel niemals in das Gebiet der Gesetzesauslegung, welche die Existenz einer gesetzlichen Norm voraussetzt, und hing nicht von juristischen, sondern bloß von historischen Erwägungen ab. Dies muß auch heute noch gelten; es wäre ja widersinnig, eine monarchische Kundgebung aus der Zeit des Absolutismus heute auf Grund richterlicher Interpretation als Gesetz auszugeben, die damals nicht als Gesetz angesehen und angewendet wurde (vgl. v. Krauß, Geschichtliches zum k. Kabinetschr. v. 18. April 1848 in Wiener Zschr. 31, S. 483).

III. Die Publikation ist nicht immer der Anfang für die praktische Anwendung eines Gesetzes, vielmehr gilt jetzt unter Abänderung von § 3 abGb. als Regel, daß die Wirksamkeit eines Gesetzes erst beginnt mit dem 45. Tage nach dem Tage des Erscheinens im RGBl. (vacatio legis). Soll die Wirksamkeit früher oder später beginnen, so muß das im Gesetz selbst ausgesprochen werden (Ges. v. 10. Juni 1869, Nr. 113).

IV. Die verbindende Kraft und die allgemeine Anwendung eines gehörig kundgemachten Gesetzes ist unabhängig von der subjektiven Kenntnis jener Personen, auf die das Gesetz anzuwenden ist; dieses für die Handhabung der Rechtsordnung unentbehrliche Axiom erhält in § 2 abGb. den wenig glücklichen (besser Strafges. § 3, § 233) Ausdruck: „sobald ein Gesetz gehörig kundgemacht ist, kann sich niemand damit entschuldigen, daß ihm dasselbe nicht bekannt gewesen sei". Die Unkenntnis eines bestimmten Rechtssatzes kann allerdings die Anwendung dieses Rechtssatzes nicht aufhalten, weder als Entschuldigung gegenüber den angedrohten nachteiligen Folgen, noch sonst in irgend einer Richtung. Aber weiter geht die Regel des § 2 nicht; sie erklärt nicht Unkenntnis oder Irrtum über Rechtssätze schlechthin für unentschuldbar oder irrelevant. Dort also, wo der Irrtum des Handelnden Voraussetzung für gewisse Rechtsfolgen ist, können diese Rechtsfolgen auch eintreten, falls der Irrtum eine gesetzliche Bestimmung betrifft (§§ 572, 871, 878, 1431 abGb., § 2 e Strafges.); und der Rechtsirrtum gilt nicht immer als unentschuldbar, sondern kann „aus wahrscheinlichen Gründen" als schuldlos erwiesen werden (§ 326 abGb.).

V. Die Wirksamkeit des Gesetzes, die nicht durch das Gesetz selbst zeitlich eingeschränkt ist (z. B. Übergangsbestimmungen), ist prinzipiell eine dauernde; sie hört nach § 9 nur auf durch einen neuen Akt der Gesetzgebung. Die aufhebende Wirkung der gewohnheitsmäßigen Nichtanwendung sollte durch § 9 ausgeschlossen worden.

Aufhebend wirkt jedes nachträglich erlassene Gesetz, dessen Inhalt einer früher erlassenen Norm widerspricht; eine generelle Aufhebungsklausel ist daher nicht nötig, wird aber der Deutlichkeit wegen häufig ausgesprochen, so z. B. Kdm.Patent zum abGb. al. 4. Erwünscht ist oft die ausdrückliche Bezeichnung der aufgehobenen Normen, da der Widerspruch ihres Inhalts mit dem neuen Gesetz zweifelhaft sein kann.

Die aufhebende Wirkung des neuen Gesetzes tritt erst zur selben Zeit ein, wie seine positive Wirkung. Ein publiziertes, aber noch nicht in Wirksamkeit getretenes Gesetz kann ebenfalls aufgehoben werden. Im einzelnen ist die Einwirkung des späteren Gesetzes auf das frühere eine Frage der Interpretation (Pfaff-Hofmann I, S. 218 f.). Damit erledigt sich auch der Zweifel, ob die Priorität der Gesetze nach der Zeit der Publikation oder nach der Zeit der Wirksamkeit zu beurteilen ist (Krainz I, § 19 N. 3). Denn weder die historische, noch die objektive Interpretation kann in das früher publizierte Gesetz den absurden Gedanken hineinlegen, es solle damit ein erst später zu publizierendes Gesetz im voraus aufgehoben werden.

VI. Gewohnheitsrecht sollte für das allgemeine Privatrecht in keiner Form zugelassen werden, daher fügt das Gesetz dem Verbot der derogatorischen Gewohnheit (§ 9) noch hinzu: „auf Gewohnheiten kann nur in den Fällen, in welchen sich ein Gesetz darauf beruft" — was im abGb. nicht der Fall ist — „Rücksicht genommen werden" (§ 10) und erklärt in § 12, daß „die von Richterstühlen in besonderen Rechtsstreitigkeiten gefällten Urteile niemals die Kraft eines Gesetzes" haben. Diese Ablehnung des Gewohnheitsrechtes ist bisher praktisch nicht durchbrochen worden, indem eine Fortbildung oder Ausgestaltung des Privatrechts nur in der Form der Interpretation erfolgte und auch der faktisch feste Gerichtsgebrauch stets als wandelbar, nicht aber als bindend und unwandelbar angesehen wurde.

Mit Ausnahme des Handelsrechts, welches die „Handelsbräuche" wenigstens als ergänzende Rechtsquelle anerkennt (HG. Art. 1), schließen auch die übrigen österreichischen Kodifikationen das Gewohnheitsrecht aus, so daß auf Grund dieser einheitlichen Tendenz der gleiche Standpunkt auch für die übrigen Rechtsgebiete angenommen wird, so für das Verwaltungsrecht nach der ständigen Praxis des Verwaltungsgerichtshofes (Pfaff=Hofmann, Komm. I S. 230; ÖStWb. I, 565).

VII. Ein Gesetzgebungsakt besonderer Art ist die authentische Interpretation, indem hier ein schon bestehender Rechtssatz seinem Sinn und Inhalt nach auf eine allgemein verbindliche Art erklärt wird (§ 8). Da der Rechtssatz hier nicht neu geschaffen, sondern nur als bestehend erklärt und verdeutlicht wird, die Erkenntnis und Kenntnis des richtigen Inhaltes also als möglich vorausgesetzt wird (§ 2), so kann der Zeitpunkt der Wirksamkeit in etwas anderer Weise als bei Neuschaffung von Gesetzen, nämlich auch mit rückwirkender Kraft bestimmt werden. Sofern das interpretierende Gesetz nicht selbst eine Ausnahme macht, ist es sofort auf alle noch zur Entscheidung gelangenden Fälle anzuwenden; doch bildet es selbstverständlich keinen Grund, eine bereits rechtskräftige Entscheidung, die in anderem Sinne erfolgte, wieder zu beseitigen.

Die veröffentlichte Rechtsauffassung oberster Behörden kann zwar einen praktischen Einfluß auf die Handhabung des Rechtes seitens der unteren Instanzen haben, ist aber niemals rechtlich bindend. Das gilt auch für die beim „Obersten Gerichtshof" zur Erzielung einer gleichmäßigen Rechtsprechung in Zivilsachen getroffenen Einrichtungen des „Spruchrepertoriums" und des „Judikatenbuches". Die prinzipiell wichtigen Entscheidungen normaler Senate werden im „Spruchrepertorium" verzeichnet und veröffentlicht; soll von der verzeichneten Rechtsauffassung in einem späteren Falle abgegangen werden, so wird die Entscheidung einem verstärkten Senate von 15 Mitgliedern anvertraut und dessen Ausspruch im „Judikatenbuch" eingetragen; über eine von diesem Ausspruche abweichende Rechtsauffassung kann weiterhin nur durch einen Senat von 21 Mitgliedern entschieden werden.

VIII. Die als Privilegien bezeichneten Gesetzgebungsakte zeigen eine Besonderheit nicht in bezug auf die Entstehung, sondern in bezug auf ihren Geltungsbereich (s. unten § 3, I.).

§ 3. Geltungsbereich des Privatrechts.

I. Das Privatrecht ist in Österreich regelmäßig für das ganze Staatsgebiet geltend, auch in diesem Sinne allgemein. Wie österreichisches Staatsgebiet werden angesehen österreichische Handelsschiffe auf offener See, österreichische Kriegsschiffe überall.

Doch können auch partikulare privatrechtliche Normen gegeben werden, die nur in einem begrenzten Teile des Staatsgebietes gelten sollen. Auch partikulares Privatrecht wird von der Reichsgesetzgebung (Wuchergesetz f. Gal. v. 19. Juli 1877, RGBl. Nr. 66), oder durch Delegierung derselben von anderen Faktoren geschaffen, so bäuerliches Höferecht durch Landesgesetze kraft des Reichsrahmengesetzes vom 1. April 1889; doch hat hierbei die Landesgesetzgebung eine teilweise Selbständigkeit erhalten durch art. III Ges. v. 26. Jan. 1907, Nr. 15.

Das Privatrecht gilt prinzipiell im Staatsgebiete für alle dem Staate angehörigen Personen; auch für den Monarchen (§ 20), soweit nicht besondere staatsrechtliche Normen (Hausgesetze) entgegenstehen, sowie für den Staat selbst (§ 220). Außerhalb des Staatsgebietes gilt es dort, wo die ordentliche Konsulargerichtsbarkeit noch besteht, für die derselben unterstehenden österreichischen Staatsangehörigen und Schutzgenossen (Krainz § 18).

Ausnahmsweise werden auch privatrechtliche Bestimmungen gegeben, die das allgemeine Privatrecht modifizieren, aber nur bestimmte Rechtsverhältnisse einer Einzelperson, oder nur einen Einzelfall normieren; Privilegien im objektiven Sinne, die so wie andere Gesetze zu behandeln sind, § 13, z. B. die Pfandprivilegien der Notenbank; Ges. v. 7. August 1886, Nr. 137 über die allgemeine Versorgungsanstalt in Wien. Auch die

Begründung von Familienfideikommissen kann hierher gestellt werden. Eine andere Erscheinung dagegen ist die behördliche Genehmigung, die für gewisse Rechtsakte erforderlich ist, wie Erteilung von Ehedispensen, Genehmigung von Aktiengesellschaften; sie ist nur Verwaltungsakt, da sie auf Grund eines allgemeinen Gesetzes erfolgt.

II. Gesetze können auch nach dem für den Beginn ihrer Wirksamkeit festgesetzten Zeitpunkt nicht sofort auf alle zu rechtlichem Austrag kommenden Fälle angewendet werden, sofern der Tatbestand vor der Wirksamkeit des neuen Gesetzes eingetreten ist. Vielmehr gilt im allgemeinen als Regel, daß jeder privatrechtliche Tatbestand nach dem zur Zeit seines Eintretens geltenden Rechte zu beurteilen ist; dies besagt der Satz: „Gesetze wirken nicht zurück" (§ 5), der jedoch zur praktischen Anwendung noch vielfacher Ergänzung bedarf.

Auch was § 5 noch beifügt: „Gesetze haben auf vorhergegangene Handlungen und auf vorher erworbene Rechte keinen Einfluß", gibt nicht auf alle Fragen Antwort, sondern verweist nur auf zwei wichtige Erwägungen in dieser Lehre. Soweit nämlich das Gesetz menschliche Handlungen beeinflussen will, wie besonders durch Strafdrohungen, wäre seine Anwendung auf frühere Handlungen, die nicht mehr zu beeinflussen waren, widersinnig; die Aufhebung einer Strafdrohung wirkt aber zurück (Ges. v. 14. Juni 1868, Nr. 62 § 7). Anderseits soll das Privatrecht dem Einzelnen die Regelung seiner Rechtsverhältnisse ermöglichen und sichern, daher muß der Einzelne bei seinen rechtlichen Dispositionen sich auf das derzeitige Recht auch für die Zukunft verlassen können, mindestens soweit die Dispositionen vollendet sind und „erworbene Rechte" hervorgebracht haben.

Auch nach diesen prinzipiellen Erwägungen sind noch nicht alle Fälle sicher zu entscheiden, weshalb es angezeigt ist, bei neuen Gesetzen, namentlich bei größeren Kodifikationen, genauere Übergangsbestimmungen zu treffen (vgl. E.Ges. z. D. BGB. Art. 153—218); im Einf.Ges. zum abGb. al. 5 und 6 sind nur die nächstliegenden Fragen entschieden. Eine Übergangsbestimmung ist dann notwendig, wenn das neue Gesetz in einer Weise angewendet werden soll, welche als „Rückwirkung" ganz oder teilweise angesehen werden kann; so hat das Einf.Ges. des abGb. für Krakau v. 23. März 1852, Nr. 79 al. III für die nach früherem Gesetze getrennten Ehegatten die Wiederverheiratung ausgeschlossen. Dagegen wirkt die authentische Interpretation prinzipiell zurück (s. oben S. 5).

III. Im einzelnen gilt folgendes: Die persönliche Fähigkeit in Rechtsverhältnisse zu treten, wird nach dem Rechte zur Zeit der Entstehung des Rechtsverhältnisses beurteilt; ebenso die Handlungsfähigkeit, doch wird die nach früherem Rechte bereits erreichte Handlungsfähigkeit (z. B. Alter der Großjährigkeit) durch das neue Recht nicht wieder aufgehoben (Hfd. v. 3. Jan. 1818, Nr. 1403).

Die Form der Rechtsgeschäfte wird nach der Zeit des Abschlusses beurteilt; ein neues Formerfordernis (z. B. Notariatsform der Ehepakte und Schenkungen) ist nicht auf früher geschlossene Geschäfte zu beziehen. Für Rechtsgeschäfte, die einseitig wiederholt werden können, wie Testamente, ist die Regel nicht zweifellos, aber durch das Kundmachungspatent des abGb. ausdrücklich ausgesprochen.

Der Inhalt von obligatorischen Rechtsverhältnissen (Umfang der Leistung und Haftung, Möglichkeit der Auflösung) wird nach der Zeit der Entstehung beurteilt (so ausdrücklich das Ges. über „Ratengeschäfte" v. 27. Apr. 1896, Nr. 70 § 12); bei zwingenden Normen, die auf öffentlichen Rücksichten beruhen, wird jedoch ausnahmsweise auch Rückwirkung angeordnet, so erklärt das Wuchergesetz v. 28. Mai 1881, Nr. 47 § 13 als anfechtbar auch die vor Beginn seiner Wirksamkeit entstandenen Wuchergeschäfte.

Der gesetzliche Inhalt dauernder Rechtsverhältnisse wird nach den jeweils geltenden Gesetzen beurteilt, z. B. eheherrliche und väterliche Gewalt, Eigentum, Nachbarrechte, Reallasten. Wird eine Art von Rechtsverhältnissen, ohne die bestehenden auszunehmen, unzulässig erklärt, so trifft das sogleich alle bestehenden Verhältnisse (Robot, Grundherrliche Rechte, Zehent usw.) und es ist Sache der Gesetzgebung, nach Billigkeit etwa eine Entschädigung der bisherigen Rechtsinhaber festzusetzen (Propinationsablösung in Galizien).

Das gesetzliche Erbrecht und das Pflichtteilsrecht bildet vor dem Erbfall nur eine Möglichkeit künftigen Rechtserwerbs, gilt nicht als erworbenes Recht und ist sogleich nach dem neuen Rechte zu beurteilen. Gleiches würde auch für unvollendete Ersitzung und Verjährung zutreffen; doch hat das Einführungspatent die Anwendung des früheren Rechtes in diesen Fällen ausdrücklich angeordnet; soweit freilich das neuere Recht dem Erwerbenden günstiger ist (kürzere Frist), steht es ihm natürlich frei, sich darauf zu berufen.

Weitere Einzelheiten sind den speziellen Lehren vorbehalten.

§ 4. Ausländisches Recht.

I. Privatrechtliche Verhältnisse sollen von dem österreichischen Richter in gewissen Fällen nach ausländischem Rechte beurteilt werden; diese Bestimmung des abGb. ist veranlaßt durch die Fälle des internationalen Verkehrs, durch jene Lebensverhältnisse also, deren Entstehung und praktische Wirkung über den Machtbereich des einzelnen Staates hinausreicht. Da das Privatrecht hauptsächlich die Interessen der Beteiligten wahren und fördern soll, kann die Anwendung des heimischen Privatrechts auf internationale Privatverhältnisse als zweckwidrig erscheinen, wenn dadurch die Interessen der Beteiligten nicht entsprechend gewahrt sind. Von diesem Standpunkte aus erscheint die Anwendung ausländischen Rechts nicht als Notwendigkeit, sondern als eine Nützlichkeitsmaßregel, die von der österreichischen Gesetzgebung angeordnet wird und nur von dieser zu ordnen ist. Es kommt nicht darauf an, welchem Rechte ein Verhältnis seiner Natur nach, oder nach irgend einer Theorie unterworfen sein **sollte**, sondern welchem Rechte das österreichische Gesetz es unterwerfen **will**. Das abGb. ist in dieser Lehre weder vollständig noch ganz klar, es bedarf weitgehender Ergänzungen, die nur aus der Natur der einzelnen Rechtsfragen, nach dem Standpunkte und dem Zwecke des Gesetzes zu ermitteln sind. Vom legislativen Standpunkte wäre wohl jene Regelung die angemessenste, wonach ein zwischenstaatliches Verhältnis in allen beteiligten Staaten **demselben** Rechte unterworfen würde, so z. B. die Ehe dem Rechte des Ehemanns. Dieses Ziel schwebt dem abGb. jedoch nicht vor, vielmehr hält es seine zwingenden Normen im Prinzip allgemein fest und nimmt nur Rücksicht auf den Gedanken der Gegenseitigkeit. Eine Reform dieser Lehre des abGb. ist dringend notwendig. Für einige eherechtliche Fragen ist durch das Haager Übereinkommen vom 12. Juli 1902, das in Österreich allerdings erst gesetzlich anerkannt und ergänzt werden wird, eine Gleichmäßigkeit, wenn auch nicht eine Reform der internationalen Behandlung angebahnt worden.

Wiefern zwischenstaatliche Verhältnisse zur Entscheidung österreichischer Gerichte gelangen können, bestimmt das Prozeßrecht. Wird die Anwendung ausländischen Rechtes verlangt, so müssen die Bedingungen dafür, z. B. fremde Staatsangehörigkeit, dem Richter nachgewiesen werden; sonst bleibt es bei der Anwendung einheimischen Rechtes. Auch der Inhalt des ausländischen Rechtes muß im Bedarfsfalle von der Partei erwiesen werden (CPO. § 271).

II. Auf zwischenstaatliche Verhältnisse ist österreichisches Recht unbedingt anzuwenden in folgenden Fällen:

a) Rechtsakte, die ein Österreicher im Auslande vornimmt, sind nach österreichischem Recht soweit zu beurteilen, als durch dasselbe die „persönliche Fähigkeit" zur Vornahme der Rechtsakte „eingeschränkt" wird, falls die Rechtsakte „zugleich in Österreich rechtliche Folgen hervorbringen sollen" (§ 4). Die zweite Voraussetzung war bei der Redaktion offenbar nur als conditio juris gemeint, in dem Sinne, „falls die fraglichen Rechtsakte in Österreich überhaupt zur rechtlichen Beurteilung kommen sollten"; der Zusatz in diesem Sinne war ursprünglich nicht ganz überflüssig, da der Satz von „Einwohnern" galt (Prot. I, S. 18), also von Staatsbürgern und in Österreich domizilierten Fremden. Von der historischen Interpretation abzugehen und den Satz als wirkliche Bedingung aufzufassen, in dem Sinne, „falls die Parteien eine rechtliche Wirkung des Rechtsaktes in Österreich be**absichtigt haben**", wäre an sich wohl zulässig; doch wäre das Abgehen von der historischen Interpretation nicht im Einklange mit der Tendenz des Gesetzes und für den praktisch wichtigsten Fall, für den Abschluß einer Ehe im Auslande, bedeutungslos, da hier von einer seitens der Parteien beabsichtigten lokalen Wirkung doch nicht gesprochen werden kann.

Die Bestimmung bezieht sich nicht nur auf die Handlungsfähigkeit, deren Einschränkung bloß im Interesse des Handelnden verfügt ist, sondern nach Ausdruck und Absicht des Gesetzes gewiß auch auf die Rechtsfähigkeit, auf alle „Einschränkungen" zwingenden Rechtes im allgemeinen Interesse.

b) Österreichisches Recht ist stets anzuwenden auf die Rechtsverhältnisse an **unbeweglichen** und den unbeweglichen nach österreichischem Recht gleichgestellten (s. unten § 13) Sachen im Staatsgebiet (§ 300); es ist entscheidend nicht nur für den Inhalt des Eigentums und der übrigen Sachenrechte, sondern auch für den Erwerb und Verlust derselben, namentlich für die Erfordernisse (Urkunden usw.) der Verbücherung. Die Gültigkeit des zum Erwerbe von Sachenrechten erforderlichen Titels (z. B. Legat, Richterspruch) wird dagegen nicht immer nach dem inländischen Rechte beurteilt.

Die Regel findet auch Anwendung innerhalb des Staates, sofern für einzelne Gebiete verschiedenes Recht gilt, z. B. teilweise das Grundbuchsystem nicht durchgeführt ist oder war.

c) Durch § 33: „Den Fremden kommen überhaupt gleiche Rechte und Verbindlichkeiten mit den Eingeborenen zu", wird die **Rechtsfähigkeit** der Fremden schlechthin, auch der nicht in Österreich ansässigen, dem österreichischen Rechte unterstellt (Prot. I, S. 51; Kahane in Wiener Zeitschr. 18 S. 134).

Die **Handlungsfähigkeit** der Fremden wird beurteilt „nach den Gesetzen des Ortes, denen der Fremde vermöge seines Wohnsitzes, oder wenn er keinen eigentlichen Wohnsitz hat, vermöge seiner Geburt als Untertan unterliegt" (§ 34). Der Sinn dieses Satzes ist nicht klar; vermutlich sollte er besagen: nach den an ihrem ordentlichen Wohnsitz geltenden Gesetzen, bei Mangel eines erwiesenen Wohnsitzes nach ihrer „Geburt", worunter wohl das für ihren Vater zur Zeit ihrer Geburt geltende Recht zu verstehen ist (Sl. 14272). Der Ausdruck „Untertan" ist in § 34 nicht in allgemeiner Bedeutung (gleich Staatsbürger) genommen, sondern durch den Beisatz „vermöge seines Wohnsitzes" in einer seinerzeit üblichen Weise (vgl. dazu Hfd. v. 23. Okt. 1795) determiniert. Das wichtigste Bedenken gegen diese Auffassung liegt darin, daß damit auch gesagt ist, daß die in Österreich domizilierenden Fremden nach österreichischem Rechte zu beurteilen sind, daß aber dieser Satz nur in indirekter Weise ausgesprochen ist. Doch wird dieses stilistische Bedenken durch die Entstehungsgeschichte entkräftet. Denn in der ersten Lesung sprach § 4 nicht von Staatsbürgern, sondern von Einwohnern (Prot. I, S. 18 „für alle Staatsbürger und Einwohner"), stellte also direkt die in Österreich wohnhaften Fremden unter österreichisches Recht, so daß § 34 ursprünglich nur von den übrigen Fremden zu verstehen war. Erst die bei der Revision erfolgte Änderung des § 4, die den Inhalt des Gesetzes gar nicht berührt hat, veranlaßte für § 34 das erwähnte stilistische Bedenken (Kahane in Wiener Zeitschr. 18, S. 124 f.).

Der Wortlaut des § 34 gestattet freilich ein Abgehen von der historischen Interpretation, indem man „Untertan" in allgemeiner Bedeutung als Staatsbürger nimmt und den Zusatz nur als Ergänzung auffaßt für jene Fälle, in welchen die Staatsangehörigkeit kein sicheres Resultat ergibt. Sachlich spricht für diese heute überwiegende Interpretation die moderne Bedeutung der Staatsangehörigkeit und die spätere Gesetzgebung.

Das Gesetz verweist für die Handlungsfähigkeit der Fremden auf das materielle Recht ihres Wohnortes (event. ihrer Staatsangehörigkeit), nicht auf eine dort etwa geltende „Kollisionsnorm", welche ihrerseits auf ein anderes Recht weiterverweist. (Vgl. Crome, D. Bürg. R., I, S. 140). Die Änderung des Domizils (event. der Staatsbürgerschaft) hebt die nach dem Rechte des früheren Domizils erreichte volle Handlungsfähigkeit nicht auf (arg. § 17 u. Hfd. v. 3. Jan. 1818, Nr. 1403. Slg. 9075, 14272).

In Vormundschaftssachen (Verf. a. Str. §§ 83, 219) und im Erbrecht (s. unten VII) findet § 34 insofern keine Anwendung, als hier auch für die in Österreich domizilierenden Fremden jenes Recht angewendet wird, welches jener Staat angewendet wissen will, dessen Bürger der fremde ist.

In betreff der Eheschließung ist durch spätere Normen (Hfd. v. 22. Dez. 1814, Hfd. v. 21. Dez. 1815, Erl. K. Min. v. 22. Nov. 1859) angeordnet, daß Ausländer ohne Rücksicht auf ihr Domizil vor der Verehelichung den Nachweis zu erbringen haben, „daß dieselben nach den Gesetzen ihrer Heimat (sc. Staatsangehörigkeit) zur Eingehung einer Ehe im Auslande befugt sind"; der Mangel der Eheschließungsfähigkeit nach ausländischem Recht bildet also mindestens ein Eheverbot (Rittner, Eherecht S. 299 f.), wenn auch die Ehe nach § 34 gültig entstehen kann. Nach dem Haager Übereinkommen v. 12. Juli 1902 wird die Fähigkeit, eine Ehe oder diese konkrete Ehe einzugehen, allgemein nach dem Heimatrecht beurteilt.

Die passive Wechselfähigkeit (Art. 84 WO.) der Ausländer ist nach ihrer Staatszugehörigkeit zu beurteilen, für die im Inland übernommenen Wechselverpflichtungen des Ausländers genügt jedoch seine Wechselfähigkeit nach inländischem Recht. Auch im Prozeß genügt die nach inländischem Recht vorhandene Prozeßfähigkeit des Ausländers (CPO. § 3).

Juristische Personen sind bezüglich der Existenz und Handlungsfähigkeit nach dem Rechte ihres Sitzes, bezüglich der Rechtsfähigkeit nach österreichischem Rechte zu beurteilen.

IV. a) Ausländisches Recht kann Anwendung finden in bezug auf die Form von Rechtsgeschäften, wenn sie im Auslande von Ausländern oder Inländern vorgenommen werden; es genügt für ihre Gültigkeit in Österreich, wenn wenigstens die im Auslande dafür vorgeschriebene Form beachtet ist, es genügt aber auch die in Österreich vorgeschriebene Form. Dies sollte in der eigentümlichen Fassung des § 4 und 37 zum Ausdruck gebracht werden. Das ist ausdrücklich anerkannt für letztwillige Erklärungen (Hfd. v. 22. Juli 1822), für Aufgebot und Eheschluß (ErlKMin. v. 22. Juli 1852, Z. 1954; vgl. k. Pat. v. 16. Sept. 1785, Ehepat. von 1856, Art. VIII), für Wechsel (WO. § 85), für die Beweiskraft öffentlicher Urkunden (CPO. 293).

b) Alle Sachen, die nicht zu den unbeweglichen gehören, „stehen mit der Person ihres Eigentümers unter gleichen Gesetzen" (§ 300), sind also nach ausländischem Rechte zu beurteilen, wenn für die Persönlichkeit des Eigentümers nach § 34 ausländisches Recht in Betracht kommt, dagegen nach österreichischem Rechte, wenn sie einem Österreicher oder österreichischem Recht unterliegenden Ausländer gehören. Die Anwendung des fremden Rechtes kann aber tatsächlich nur in engen Grenzen stattfinden, da derselben teils andere Rechtsprinzipien, teils faktische Hindernisse entgegenstehen. Nach ausländischem Rechte sind zu beurteilen die im Auslande begründeten Rechtsverhältnisse, auch wenn die Sache später nach Österreich kommt; ebenso die Eigentumsübertragung und die Bestellung von Servituten seitens des ausländischen Eigentümers in Österreich. Im übrigen ist zu beachten, daß der Inhalt der sachenrechtlichen Verhältnisse und der Umfang ihres Schutzes auf zwingenden Normen beruht, welche nicht nur für den Eigentümer, sondern auch gegenüber den übrigen Rechtsgenossen wirksam sind, weshalb hier die Anwendung ausländischen Rechtes unmöglich ist, vielmehr in allen Staaten das einheimische Recht auf alle im Staatsgebiete befindlichen Sachen angewendet wird; dies gilt für den Besitzschutz, für den Rechtserwerb ohne Zustimmung des Eigentümers, für Möglichkeit und Wirkung der Eigentumsklage usw. Auch dann, wenn der Eigentümer unbekannt ist (Schatz, gefundene Sachen), muß das Recht der belegenen Sache angewendet werden.

Die absoluten Verbotsrechte des modernen Verkehrs sind stets nach inländischem Recht zu beurteilen, Autor, Patent, Markenrecht, ihre Wirkung ist territorial begrenzt. Wenn derartige im Auslande wirksame Rechtsverhältnisse im Inlande den Gegenstand von Rechtsakten bilden (Veräußerung, Erbgang, Exekution), so muß ihre Existenz selbstverständlich nach ausländischem Recht beurteilt werden (Slg. 11 282).

c) Rechtsgeschäfte, die in Österreich von Ausländern geschlossen werden, sind in der Regel nach inländischem Recht zu beurteilen. Doch kann ein von dem Ausländer errichtetes liberales Geschäft (Dosbestellung, Legat) auch nach ausländischem Recht behandelt werden, wenn dieses der Gültigkeit des Geschäftes günstiger ist (§ 35); diese Ausnahme soll nur die Verwirklichung der rechtsgeschäftlichen Absichten fördern (Prot. I, S. 52), darf jedoch nicht zu einer ungünstigeren Behandlung des Fremden gegen § 915 führen, da sonst das Prinzip der Gleichberechtigung und Gegenseitigkeit verletzt würde. Ferner kann ein zwischen Ausländern errichtetes Geschäft von den Parteien vertragsmäßig einem ausländischen Recht unterstellt werden (§ 36).

d) Rechtsgeschäfte, die im Auslande geschlossen werden, sind, abgesehen von der persönlichen Fähigkeit (§§ 4, 33, 34) nach dem Rechte des Abschlußortes, oder nach dem von den Parteien dabei zu Grunde gelegten Rechte zu beurteilen (§ 37). Die Absicht der Parteien kann sich deutlich genug ergeben aus der Wahl einer bestimmten am Abschlußort nicht üblichen Form, wie aus der ausdrücklichen Bestimmung eines Erfüllungsortes oder Gerichtsstandes; namentlich bei Verträgen unter Abwesenden sind solche Umstände entscheidend.

VII. Für die Erbfolge geltende folgende Bestimmungen des Pat. v. 9. Aug. 1854, Nr. 208, soweit nicht durch Staatsverträge Ausnahmen gemacht sind.

a) Die Erbfolge nach österreichischen Staatsbürgern ist prinzipiell nach österreichischem Recht zu behandeln, auch wenn sie im Auslande gestorben sind und dort ihren letzten Wohnsitz hatten, sowohl für das in Österreich, wie für das im Auslande befindliche bewegliche Vermögen (zit. Pat. § 21 u. JN. § 106). Es ist also die Intestatberufung und das Pflichtteilsrecht, die Gültigkeit des Testaments (außer der Form s. oben), die Legate, der Erbschaftserwerb und seine Folgen nach österreichischem Rechte zu beurteilen. In bezug auf ausländische unbewegliche Sachen eines Inländers wird das ausländische Recht als entscheidend anerkannt.

b) Inländisches unbewegliches Gut eines verstorbenen Ausländers ist stets nach österreichischem Erbrecht durch die inländischen Gerichte zu beurteilen (zit. Pat. § 22). Im übrigen wird die Anwendung ausländischen Rechtes für die Erbfolge nach Ausländern prinzipiell anerkannt, auch wenn sie im Inlande domizilierten (zit. Pat. § 23). Eine Ausnahme tritt jedoch ein nach dem Grundsatz der Gegenseitigkeit, wenn eine gleiche Behandlung der Erbschaften von Österreichern in einem anderen Staate nicht gesichert ist, sowie dann, wenn die Staatsbürgerschaft des Erblassers nicht zu ermitteln ist (zit. Pat. §§ 23, 25).

VIII. Die angeführten gesetzlichen Regeln über zulässige Anwendung von ausländischem Recht erfahren nach allgemeinen Erwägungen (vgl. auch EO. § 81 al. 4) noch die Einschränkung, daß der österreichische Richter seine Hilfe doch nicht gewähren darf, wenn das zugelassene ausländische Recht einen Widerspruch mit zwingenden Normen, oder mit wichtigen ethischen oder wirtschaftlichen Prinzipien des einheimischen Rechtes veranlassen würde (vgl. EinfGes. z. D. BGB. Art. 30). Sklaverei, andere persönliche Abhängigkeit, Polygamie sind krasseste Beispiele dafür; aber auch ein Pfandrecht ohne Detention an beweglichen Sachen, eine Spielschuld, ein Verzicht auf Verjährung, ein Getreidetermingeschäft gegen Ges. v. 9. Jan. 1903, sind in Österreich nicht anzuerkennen, obwohl sie nach ausländischem Recht zu beurteilen und danach gültig wären. Aus gleicher Erwägung ist die rechtliche Wirkung persönlicher Verhältnisse (väterliche, ehemännliche Gewalt) im Inlande stets nach österreichischem Recht zu bestimmen; auch werden bei rechtswidrigen, im Auslande begangenen Handlungen, die an sich nach ausländischem Rechte zu beurteilen sind, in Österreich nachteilige Rechtsfolgen nicht in weiterem Umfange anerkannt werden, als es nach österreichischem Rechte zulässig wäre; es ist also zwar Ersatz, aber keine Privatstrafe wegen widerrechtlicher Beschädigung privatrechtlich zuzuerkennen.

§ 5. Auslegung.

I. Die Rechtsanwendung ist eine Kunst, die einerseits die angemessene Beurteilung und Zerlegung der Tatsachen (Tatbestand) umfaßt, anderseits die richtige Beurteilung der anzuwendenden Rechtsregeln; letzteres kann man im weiteren Sinne als Auslegung bezeichnen, wie es in §§ 6, 7 abGb. geschieht. Die Auslegung im engeren Sinne besteht zunächst in der Anwendung allgemeiner Denkgesetze auf das Rechtsgebiet, die einer gesetzlichen Normierung nicht zugänglich ist, die auch theoretisch nur zu einigen Ratschlägen oder Warnungen vor naheliegenden Fehlern Anlaß bietet. Für weitergehende juristische Argumentationen dagegen sind sowohl gesetzliche Bestimmungen möglich, als auch theoretische Feststellungen möglich und notwendig, welche das Verhältnis der Rechtsanwendung zu der Gesetzgebung im allgemeinen betreffen.

Die Rechtsanwendung, die historisch der Gesetzgebung vorausgehen kann, soll durch die Gesetzgebung beeinflußt und zu einer sicheren und gleichmäßigen gemacht werden; darüber besteht kein Zweifel. Aber der Zweck der Rechtssicherheit kann in verschiedener Weise gedacht und erstrebt werden. Auf wenig entwickelten Kulturstufen erscheint die Rechtssicherheit am besten gewahrt durch strenges Festhalten an dem Wortlaute der Gesetze wie auch der Rechtsgeschäfte (Buchstabeninterpretation). Die Entwicklung von Kunde und Kunst des Rechtes ergibt dagegen, daß der gleiche Zweck der Sicherheit noch besser erreicht wird, wenn man Gesetze und Geschäfte nach ihrem Sinn und Zweck in redlicher Gesinnung auslegt.

Die Auslegung nach Sinn und Zweck des Gesetzes, die heute allgemein angewendet wird, setzt notwendig voraus, daß das Gesetz als das betrachtet wird, was es nach seiner äußeren Erscheinung und Wirkung ist, als ein Willensakt der gesetzgeberischen Gewalt, der nach Analogie menschlicher Willensakte zu beurteilen ist. Der Umstand, daß als Urheber des Gesetzes nicht eine bestimmte physische Person nachweisbar ist, steht unserer Auffassung nicht entgegen; denn die subjektive Beurteilung geistiger Erzeugnisse, die nicht dem Rechtsgebiete allein eigentümlich ist, erscheint auch dort logisch gerechtfertigt, wo der Autor des Erzeugnisses eine unbekannte physische oder eine kollektive Persönlichkeit ist (Wundt, Logik II, S. 30).

Wird das Gesetz als Willensakt betrachtet, so ist nicht der Wortlaut Gesetz, sondern der Gedanke, der durch die Worte ausgedrückt werden sollte. Dieser Gedanke muß aber historisch nach der Zeit und den Umständen ermittelt werden, die zur Erlassung des Gesetzes geführt haben. Die von den Römern entwickelte, heute allgemein angenommene Interpretation nach Sinn und Zweck des Gesetzes ist also prinzipiell historische Interpretation.

Ergänzend ist noch hinzuzufügen, erstens, daß die historische Interpretation, die ein geschlossener Gedankengang von objektiver Gewißheit ist, nur mit Vorsicht behandelt werden muß; daß sie zweitens nicht immer zu einem vollständigen Resultate führt, und dann einer Ergänzung nach praktischen Erwägungen bedarf; und daß sie drittens auf manchen Rechtsgebieten, besonders im Privatrecht nicht allein maßgebend ist, sondern daß neben ihr auch freie Rechtsfindung zulässig ist, welche gelegentlich gegen die historische Interpretation zu einem abweichenden Ergebnis, zu einer „tendenziösen" Interpretation führen kann. Mit diesen Ergänzungen erledigen sich die Bedenken, welche gegen die historische Interpretation gelegentlich erhoben worden sind.

II. Das abGb. § 6 ordnet die historische Interpretation ausdrücklich an, indem es sagt, daß „einem Gesetze kein anderer Verstand beigelegt werden darf, als welcher aus der eigentümlichen Bedeutung der Worte in ihrem Zusammenhange und aus der klaren Absicht des Gesetzgebers hervorleuchtet." Die eigentümliche Bedeutung ist zunächst dem Gesetze zu entnehmen. Worterklärungen und andere Bezeichnungen des Gesetzes (Verweisungen, Zitate usw.) sind nichts anderes als verkürzte ausdrückliche Anordnungen; ebenso technische Ausdrücke, die ohne Definition in fester Bedeutung regelmäßig gebraucht werden (Crome, D. Pr. I, S. 98). Die Marginalrubriken des abGb. sind keine Teile des Gesetzes und keine offiziellen Verweisungen. Das abGb. hat vielfach keine feste Terminologie und seine Verweisungen sind oft ungenau aus zu weitgehendem Streben nach Kürze (z. B. in § 336, in § 824, in § 1328, in § 1437.)

Aber auch Umstände außerhalb des Gesetzes können den beabsichtigten Sinn desselben beweisend aufklären, so der Sprachgebrauch seiner Entstehungszeit, der damalige Rechtszustand und die Absicht, denselben zu erhalten oder abzuändern, endlich der Anlaß des Gesetzes oder der von demselben erwartete Erfolg (ratio legis). Die außer dem Gesetze liegenden, für dessen Erklärung wichtigen Umstände, die heute als „Materialien" bezeichnet werden, sind um so wichtiger, je weitreichender ein Gesetzgebungsakt ist und je weiter derselbe von der Auffassung der Gegenwart entfernt ist. Namentlich das abGb. ist heute nur auf Gruud seiner Materialien vollständig zu verstehen, da dasselbe in Gedanken und Worten der modernen Auffassung vielfach ganz entfremdet ist.

Als Vorsicht bei der Benützung der Umstände neben dem Gesetz ist namentlich folgendes zu erwähnen. Die historische Betrachtung muß von einem vollständigen Material ausgehen, und darf nicht einen einzelnen Umstand überschätzen, z. B. die Äußerung einer Person, die an dem Gesetzgebungsakte nahe beteiligt war. So sind die Äußerungen Zeillers über den Inhalt des abGb. nicht in allen Fällen maßgebend. (S. Pfaff in Wiener Ztschr. II, S. 262 f.; VIII, S. 627 f.)

Ferner darf das Erfordernis der Erklärung des gesetzlichen Willens nicht übersehen werden; eine gesetzgeberische Absicht, die in dem Gesetze keinen Ausdruck gefunden hat, wird nicht Gesetz. Doch muß anderseits der Ausdruck, welcher den Verfassern des Gesetzes als ein genügender erschien, auch für die Interpretation als genügende Erklärung gelten. Endlich ist zu beachten, daß die historische Betrachtung auch ein festes Resultat vermissen lassen kann; indem etwa ein juristisches Problem damals gar nicht durchgedacht war, oder ein gesetzgeberischer Gedanke nur unvollständig oder unklar entwickelt war. Die historische Interpretation wirkt in solchen Fällen einschränkend und muß sich mit einem negativen Resultate bescheiden, gibt aber gerade dadurch Anlaß zu einer freieren juristischen Behandlung, welche als praktische oder tendenziöse Interpretation über den Buchstaben des Gesetzes hinausgehen kann. Namentlich im abGb. führt diese Erwägung vielfach zur Gewinnung richtiger Einsicht und praktischer Resultate und zu einer Emendation des zu engen gesetzlichen Ausdruckes (z. B. bei §§ 300, 430, 1109 i. f., 1445 usw.).

III. Auf Grund der in § 6 angeordneten historischen Interpretation schreibt das Gesetz in § 7 vor, daß die Entscheidung aller zivilrechtlichen Fälle zu erfolgen habe, auch wenn sie im Wortlaute oder im natürlichen Sinne des Gesetzes nicht gegeben ist. Es wird in § 7 dann auf die freie Rechtsanwendung, auf die Analogie in ihren verschiedenen Abstufungen hingewiesen, „auf ähnliche in den Gesetzen bestimmte Fälle", „auf die Gründe anderer damit verwandter Gesetze", endlich auf die „natürlichen Rechtsgrundsätze". Der letzte Ausdruck ist zwar gleichbedeutend mit „Naturrecht" gemeint; allein da das abGb. als Ausfluß und Verkörperung des Naturrechtes gedacht war, und da die theoretischen und philosophischen Darstellungen des Naturrechtes für einzelne Fragen keinen zweifellosen Anhalt bieten, so sind es eben die obersten Rechtsprinzipien des Gesetzbuches selbst, durch welche nach § 7 in letzter Linie die Auslegung zu leiten ist.

Die in § 7 anerkannte freie Rechtsanwendung ist nicht nur gegenüber Lücken im Gesetze geboten, wo ein Fall von dem Gesetze nicht bedacht war, oder durch wirtschaftliche Veränderungen sich neu ergeben hat, sondern auch dort, wo die historische Interpretation nicht zu einem festen oder mit den allgemeinen Grundsätzen des Gesetzbuches übereinstimmenden und für die heutige Auffassung annehmbaren Resultate führt. Man wird in solchen Fällen von der historischen Auffassung jedenfalls insoweit abgehen können, als der Wortlaut des Gesetzes auch eine andere „tendenziöse" Auffassung gestattet. (Vgl. zu § 1234 Kafka, eheliche Gütergemeinschaft S. 162 f.)

Die freie Rechtsanwendung im Privatrecht beruht auf dem Gedanken der inhaltlichen Vollständigkeit und Einheitlichkeit des privatrechtlichen Rechtssystems und auf der vorausgesetzten Gleichartigkeit der Interessen aller beteiligten Personen; sie ist aber nicht auf allen Rechtsgebieten zulässig, sie ist namentlich im Strafrecht, wenn nicht ausgeschlossen, so doch nur in engen Grenzen zulässig. (EinfPat. zum StrGes. Art. IV., Lammasch StrR. S. 6.) Wenn die Rechtsnormen das Ergebnis politischer Kämpfe und Kompromisse sind und die jeweilige Abgrenzung der Macht politischer Faktoren darstellen, wie vielfach im Staatsrecht, bei Steuergesetzen usw., so würde ihre Abänderung und Fortentwicklung, die mit Umgehung der Gesetzgebung im Wege der Auslegung und Rechtsanwendung erfolgt, als Ungerechtigkeit und Gefährdung der Rechtssicherheit empfunden werden; hier erscheint also eine Abweichung von der historisch festgestellten und anfänglich praktisch anerkannten Auffassung als eine politische Änderung, die den richterlichen und Verwaltungsbehörden nicht zusteht, als eine der Redlichkeit ermangelnde Interpretation (s. den Streit über den Ausdruck „landesübliche Sprache". ÖStWb. Art. „Böhmen" V, Art. „Geschäftssprache" II.)

Personen.

§ 6. Allgemeines.

I. Die Verhältnisse des Privatrechts werden gedacht und geregelt zugunsten und zu Lasten von bestimmten Wesen, von Rechtssubjekten. Die Möglichkeit, Rechtssubjekt sein zu können, wird in der modernen Dogmatik bezeichnet als (private) **Rechtsfähigkeit** oder **Persönlichkeit**, jenes Wesen, dem diese Möglichkeit zukommt, als **Person**.

Personen im Rechtssinne sind vor allem die Menschen, „**natürliche Personen**" genannt. Das österreichische Recht anerkennt **alle** Menschen als Rechtssubjekte, schließt daher aus, daß ein Mensch wie eine Sache Rechtsobjekt sein könnte. Sklaverei, Leibeigenschaft oder ähnliche Verhältnisse rechtlicher Unterwerfung sind in Österreich prinzipiell abgeschafft und werden auch zwischen Fremden nicht anerkannt.

Aber auch andere, nicht körperliche Erscheinungen läßt das Recht Inhaber von privaten Rechten sein, verleiht ihnen also Rechtsfähigkeit und erhebt sie dadurch zu Personen, „**juristischen Personen**".

II. Für alle Personen gelten die Regeln des Privatrechts prinzipiell in gleicher Weise, doch ergeben sich teils aus natürlichen Ursachen, teils durch Rechtsregeln manche Verschiedenheiten, die im Personenrecht angeführt werden, auch wenn sie nicht im Gesetze in diesem Zusammenhang stehen.

Modifikationen der Rechtsfähigkeit können sich ergeben bei Fremden und Frauen, infolge der Ordensgelübde, der Ehrenminderung und der Kriminalstrafe. Rechtlich wichtige Beziehungen der Person sind ferner Name, Stand, Religion, Wohnsitz und Familienangehörigkeit, ferner die Handlungsfähigkeit, die durch Altersstufen und Krankheit beeinflußt wird.

§ 7. Die Menschen.

I. **Die Rechtsfähigkeit des Menschen beginnt mit der Geburt**, mit der vollendeten Trennung eines lebenden Kindes vom Mutterleib. Da das Gesetz keine weitere Einschränkung macht, kommt es nicht darauf an, ob das Leben des Kindes kürzer oder länger dauert, ob etwa ein längeres Leben von vornherein möglich ist (Lebensfähigkeit) oder nicht.

Wenn für den Neugeborenen Rechte in Anspruch genommen werden, so muß die Tatsache der Geburt und des Lebens erwiesen werden; doch stellt das Gesetz (§ 23) eine Vermutung für die Lebendgeburt auf. Standesregister sollen die Beweisbarkeit dieser Tatsachen erleichtern (s. ÖStWb. Art. „Matriken").

Das empfangene, aber noch nicht geborene Kind ist nicht Person, steht aber unter kriminellem Schutze und wird in bezug auf das Erbrecht insofern berücksichtigt (§ 22), als mit der Erledigung der Erbfrage der Zeitpunkt der Geburt abgewartet und dem lebend Geborenen das Erbrecht gewährt wird, so als wenn er schon zur Zeit des Erbfalles Person gewesen wäre.

Nichtexistierende Personen können Subjekte von rechtlichen Zuwendungen (z. B. Erbeinsetzungen) sein für den Fall, daß sie in jenem Zeitpunkt existieren, in welchem die Zuwendung künftig wirksam werden soll. (Vgl. Erbrecht §§ 545, 546, 612.)

II. Das natürliche Ende der Persönlichkeit ist der Tod; es ist das einzige Ende, man verliert die Rechtsfähigkeit weder gegen seinen Willen, noch mit seinem Willen durch Verzicht. Das feierliche Gelübde der Armut bewirkt zwar eine wesentliche Änderung der Rechtsfähigkeit (s. später), hebt sie aber nicht völlig auf.

Die Tatsache des Todes einer bestimmten Person, namentlich auch der Zeitpunkt des Todes, bedarf des Beweises, wenn rechtliche Folgen (z. B. Erbrecht) daraus abgeleitet werden sollen. Der Beweis wird regelmäßig durch die öffentliche Urkunde des Standesregisters (Totenbuch) geführt, in welches alle in dem Pfarrbezirke vorkommenden Todesfälle von dem Matrikenführer einzutragen sind. Ist der Beweis des Todes nicht durch öffentliche Urkunden zu führen, so muß der Beweis durch ein gerichtliches Verfahren und einen richterlichen Ausspruch erbracht werden (Ges. v. 16. Febr. 1883 Nr. 20 § 10).

Der Beweis des Todes einer vermißten Person kann ersetzt werden durch die Todeserklärung (§§ 24, 277, 278, § 112—114, VerlPat. § 131).

III. Die Todeserklärung eines Verschollenen, der aus seiner Heimat ohne Nachricht über sein Schicksal abwesend ist, kann erfolgen, wenn die Verschollenheit 30 Jahre dauert, oder wenn sie 10 Jahre dauert, und der Verschollene inzwischen das 80. Jahr vollendet hätte, oder endlich, wenn er in einer nahen Todesgefahr gewesen ist und durch 3 Jahre vermißt wird. Verfahren und Wirkung der Todeserklärung wurde durch Ges. v. 16. Febr. 1883 Nr. 20 neu geregelt. Um die Todeserklärung kann jeder Interessent bei dem Gerichtshof des letzten Wohn= oder Aufenthaltsortes des Verschollenen ansuchen, worauf ein Kurator des Abwesenden ernannt wird, der dessen Interessen zu wahren und Nachforschung nach demselben zu pflegen hat. Bleibt die Nachforschung und ein auf mindestens ein Jahr gestelltes Ladungsedikt fruchtlos, so ist die Todeserklärung auszusprechen. Soll auch die Ehe des Vermißten als gelöst behandelt werden, so ist auch ein Verteidiger des Ehebandes dem Verfahren beizuziehen und ausdrücklich die Ehe als aufgehoben zu erklären. Das Gericht bestimmt den Anfang der Wirkung der Todeserklärung, also von wann der Verschollene als tot gelten soll, entweder nach dem Tag des vermuteten Todes selbst, oder nach dem Tag, den der Verschollene vermutlich nicht überlebt hat, oder mangels jeden Anhalts nach dem Tag, an welchem die Erfordernisse der Todeserklärung (§ 24) erfüllt sind. Anderseits wird der Verschollene bis zu diesem Zeitpunkt als lebend vermutet (§ 278), was zur Folge hat, daß die bis dahin ihm angefallenen Erbschaften oder Vermächtnisse für ihn durch einen Kurator erworben werden (§131. VA.). Wird später der Beweis erbracht, daß der Vermißte noch nicht, oder daß er an einem anderen Zeitpunkt gestorben sei, so werden die rechtlichen Folgen der Todeserklärung aufgehoben oder entsprechend modifiziert (§ 278); der angebliche Erbe des Vermißten muß dessen Vermögen an diesen selbst oder an einen andern Erben herausgeben, wobei der durch die Todeserklärung zum Erben gewordene im Zweifel als gutgläubig behandelt wird (§§ 278, 824).

§ 8. Rechtsfähigkeit.

I. Rechtsfähigkeit kommt prinzipiell allen Menschen zu, besteht in dem Schutze der persönlichen Integrität, der Befugnis zur Betätigung in jeder nicht verbotenen Richtung (Okkupation usw.), in der Möglichkeit des Erwerbs von Privatrechten. Letztere Möglichkeit ist in manchen Fällen eingeschränkt; Vereinzelte Einschränkungen sind im speziellen Teile zu erwähnen (z. B. Bergbeamte nach § 8 Berggef.). An dieser Stelle ist neben den Fällen mangelnder Erwerbsfähigkeit nur der Einfluß allgemeiner Eigenschaften zu besprechen.

II. Die Ablegung des feierlichen Ordensgelübdes bewirkt eine wesentliche Einschränkung der Rechtsfähigkeit, sofern nicht durch Spezialgesetze Ausnahmen gemacht sind. Ordenspersonen sind unfähig zur Eheschließung (§ 63) und zur Adoption (§ 179); ferner im Vermögensrecht unfähig zu testieren (§ 573), zur Zeugenschaft beim Testament (§ 591) außer in Notfällen (§ 597); unfähig zu erben (§ 538) oder einen anderen Erwerb zu machen (§ 356, Hd. v. 27. April 1816 JGS. 1235).

Hat der in den Orden tretende Vermögen, so ist für dasselbe ein Kurator zu ernennen (§ 182 Verf. a. Str.), wodurch jedoch die Erwerbfähigkeit des Regularen nicht erweitert wird. Erst beim Tode der Ordensperson wird über das vom Kurator verwaltete Vermögen die Erbfolge eröffnet. Der Austritt aus dem Orden, sowohl der kirchenrechtlich anerkannte, wie der eigenmächtige Austritt aus dem Orden oder aus der katholischen Kirche hebt die Beschränkung der Rechtsfähigkeit wieder auf; nur die Ehefähigkeit (§ 63) wird auch nach dem eigenmächtigen Austritt durch die Gerichtspraxis dauernd versagt, da diese Bestimmung der Lehre der katholischen Kirche entsprechend in das Gesetz aufgenommen ist, während die Beschränkung der Vermögensfähigkeit ohne Rücksicht auf das kanonische Recht die Einhaltung des Armutsgelübdes nur unterstützen, nicht aber erzwingen soll.

III. **Delikt.** Als Folge der Verurteilung zur Kerker= oder Todesstrafe hatte das abGb. verfügt die Unfähigkeit eine Ehe zu schließen (§ 61), Vormund zu sein (§ 191), ein Testament zu machen (§ 574), oder ein belastendes Vermögensgeschäft vorzunehmen (§§ 868, 27 lit. b StGes.); diese Beschränkungen sind durch Ges. v. 15. Nov. 1867 Nr. 131, § 5 aufgehoben worden, allerdings für die Militärstrafgerichtsbarkeit nicht ausdrücklich.

Als Folge der **Desertion** verfügt § 208 MilStrGes., daß der Deserteur vom Tage der Entweichung bis zu seiner Einlieferung als erwerbs= und veräußerungsunfähig, als erb= und testierunfähig, und daß auch ein früheres Testament desselben als unwirksam zu behandeln ist. Die gleiche Wirkung hatte das Ges. v. 24. März 1832 (Auswanderungs= patent) geknüpft an die „unbefugte Auswanderung", doch scheint diese Verfügung infolge der verfassungsmäßig gewährleisteten Freizügigkeit als gegenstandslos.

Als zivilrechtliche Folgen von Delikten sind ferner anzuführen: das erwiesene Delikt des Ehebruchs (§ 67) und Gattenmordes (§ 68) bildet ein relatives Ehehindernis; Ver= urteilung wegen eines Verbrechens ist Scheidungsgrund (§ 109) Verurteilung auf 5 Jahre Trennungsgrund (§ 115); Verurteilung auf ein Jahr entzieht die väterliche Gewalt (§ 176); gewisse Delikte gegen den Erblasser machen erbunwürdig (§ 540), Verurteilung zu 20 Jahren begründet Enterbung; Verurteilung wegen Verbrechens aus Gewinnsucht macht unfähig zum Testamentszeugen (§ 592).

IV. **Ehrenminderung, Verächtlichkeit.** Die Tatsache, daß jemand nach dem Urteil der öffentlichen Meinung eine unsittliche oder unwürdige Lebensweise führt, kommt privatrechtlich darin zur Geltung, daß Minderjährigen die Einwilligung zur Ehe mit einer solchen Person mit Recht versagt wird (§ 53), daß derselbe enterbt werden kann (§ 768), daß er von der Erziehung seiner Kinder und von der Vormundschaft aus= geschlossen (§ 178, 191), überhaupt dort, wo das Vertrauen in Betracht kommt, zurück= gesetzt werden kann.

V. **Geschlecht.** Das österreichische Privatrecht stellt in der Hauptsache die Frauen den Männern gleich. Als Ausnahme ist geblieben, daß Frauen nicht zur Vormundschaft berufen werden (§ 192), außer der Mutter oder Großmutter, welche dann einen Mit= vormund erhält (§§ 198, 211); daß Frauen nicht Testamentszeugen sein können, außer in Notfällen (§§ 591, 597). Für Tabularurkunden forderte § 434 abGb. die Fertigung zweier Männer als Zeugen, gleiches gilt heute für nicht legalisierte Urkunden in un= bedeutenden Grundbuchssachen (Ges. v. 5. Juni 1890 Nr. 109); bei Legalisierungen kann eine Frau nur als zweiter Identitätszeuge zugezogen werden (Ges. v. 4. Juni 1882 Nr. 67 § 4). Bei Familienfideikommissen tritt nach dem Zwecke des Instituts eine Rück= setzung der weiblichen Erben ein (§ 626); ebenso bei Erbfolge in Bauerngüter, sowohl nach den älteren, seit 1869 aufgehobenen, wie nach den neuen Vorschriften (LGes. für Tirol 12. Juni 1900 Nr. 47, für Kärnten v. 16. Sept. 1903 Nr. 33).

Die vermögensrechtliche Bevormundung der Ehefrau durch den Ehemann, die das deutsche BGB. (1363 ff.) noch in weitem Umfange aufrechterhalten hat, ist dem öster= reichischen Recht fremd; der Ehemann hat nur die Vermutung der Verwaltungsvollmacht des Frauengutes für sich, solange die Frau nicht widerspricht (§ 1238).

Die moderne Arbeiterschutzgesetzgebung wendet den weiblichen Arbeitern eine erhöhte Fürsorge zu, was für die Gültigkeit des Inhalts der Arbeitsverträge wichtig wird (GewO. § 94, § 96 b).

VI. **Fremde** sind alle Personen, die nicht die Staatsbürgerschaft in Österreich be= sitzen, auch wenn sie sich in Österreich dauernd aufhalten, hier ihren ordentlichen Wohnsitz haben. Fremde sind in Österreich den Einheimischen privatrechtlich im Prinzip gleichgestellt, eine Ausnahme tritt nur ein aus dem Gesichtspunkt der Retorsion (§ 33). Wenn also ein fremder Staat die österreichischen Staatsbürger ungünstiger behandelt als die eigenen, so wird eine entsprechende rechtliche Zurücksetzung auch in Österreich den Angehörigen jenes Staates zuteil; in zweifelhaften Fällen hat der Ausländer dem österreichischen Gericht den Nachweis der eingehaltenen Reziprozität zu erbringen. Durch internationale Verträge ist diese Frage bis auf wenige Punkte gegenwärtig unpraktisch geworden; was den Erwerb von Grundeigentum betrifft, so sind z. B. in Österreich ausgeschlossen Montenegriner, ferner juristische Personen, die in Serbien und Bulgarien ihren Sitz haben.

§ 9. Rechtlich bedeutsame Beziehungen.

I. **Name.** (s. Krainz § 69 N. 1). Die sichere Kennzeichnung der menschlichen Individuen, wie sie durch den Namen bewirkt wird, liegt im eigenen Interesse des Individuums, aber auch im allgemeinen Interesse, ist daher im modernen Staat rechtlich geordnet. Jeder hat einen Vornamen und einen Familiennamen zu führen. Der Vorname wird dem Kinde durch die Eltern oder den Vormund beigelegt und muß bei Eintragung in die Geburtsregister festgestellt werden. Der Familienname wird gesetzlich erworben. Eheliche und demselben gleichgestellte Kinder erhalten den Namen des Vaters (§ 146), uneheliche den Familiennamen der Mutter (§ 165); adoptierte fügen den Namen des Wahlvaters dem eigenen Familiennamen bei (§ 182). Die Ehefrau erhält den Namen des Mannes (§ 92) und behält ihn mangels einer anderen gesetzlichen Bestimmung auch bei Aufhebung der Ehe durch den Tod oder durch Trennung.

Den rechtlich zukommenden „wahren" Namen zu führen, ist eine polizeiliche Verpflichtung, die allerdings nur den Behörden gegenüber unbedingt wirksam ist, nicht aber im privaten Verkehr. Den Staatsbehörden steht eine Befugnis zu, eine Änderung des Familiennamens aus wichtigen Gründen zu gestatten; die Änderung soll gestattet werden beim Übertritt zur christlichen Religion (Hfd. v. 5. Juni, 1826).

Wenn jemand im Verkehr den Namen eines anderen unberechtigt gebraucht, so können dadurch materielle und moralische Interessen des wahren Namensträgers verletzt werden. Gegen solche materielle Verletzung bieten Spezialbestimmungen Schutz (GewO. § 46, HGes. Art. 16, 20, 27; Ges. v. 26. Dez. 1895 Nr. 197, § 53); eine allgemeine Norm, wie sie das Deutsche BGB. § 12 gibt, ist im österreichischen Recht nicht ausdrücklich ausgesprochen.

II. **Religion.** Die Zugehörigkeit zu einer bestimmten Religionsgesellschaft, die für das öffentliche wie für das Privatrecht von Bedeutung sein kann, ist in zweifacher Richtung rechtlich geordnet. Einerseits muß der Austritt aus einer gesetzlich anerkannten Religionsgesellschaft, der jedem nach vollendetem 14. Lebensjahre völlig freisteht, eine **bestimmte Form** haben, widrigens er rechtlich als nicht geschehen gilt; es muß der Austritt der politischen Bezirksbehörde des Wohnortes mündlich oder schriftlich angezeigt werden, welche sodann die Anzeige der verlassenen Religionsgesellschaft übermittelt. Der Eintritt in eine andere Religionsgesellschaft hat keine gesetzliche Form.

Anderseits wird die **Religionszugehörigkeit der Kinder** gesetzlich geordnet: haben beide Eltern dasselbe Bekenntnis, so müssen auch die Kinder diesem angehören; haben die Eltern verschiedene Religion, so folgen die Knaben dem Vater, die Mädchen der Mutter, sofern nicht die Eltern etwas anderes durch Vertrag untereinander vor oder nach Eingehung der Ehe festsetzen. Der Vertrag der Eltern bedarf keiner Form; ein Vertrag eines oder beider Eltern mit dritten Personen über die Religion ihrer Kinder ist ungültig. Wechseln die Eltern ihre Religion, so folgen ihnen die Kinder, die zur Zeit das siebente Lebensjahr nicht vollendet haben. Vom siebenten bis zum vierzehnten Jahre kann eine Religionsänderung der Kinder nicht mehr erfolgen.

Das Religionsbekenntnis macht prinzipiell keinen Unterschied im Genusse der privaten und öffentlichen Rechte (§ 39 aBGb.; StGrG. v. 21. Dez. 1867, Nr. 142 § 14), ist jedoch praktisch mehrfach von Bedeutung. Die Standesregister (s. ÖStWb. Art. „Matriken") werden konfessionell getrennt geführt. Das Eherecht ist nach dem Bekenntnis der Eheschließenden verschieden gestaltet. Durch das Schulgesetz ist vorgeschrieben, daß jedes Kind bis zum 14. Jahre die nötigsten Kenntnisse aus Religion erworben, also Religionsunterricht haben müsse, wodurch das Erziehungsrecht der Eltern eingeschränkt ist. Dem gesetzlichen Standpunkt der religiösen Gleichberechtigung entsprechend ist die Bestimmung des § 768, daß der Abfall vom Christentum einen Enterbungsgrund bilde, als aufgehoben anzusehen, ferner ein Versprechen eines Entgeltes für den Religionswechsel, oder eine Zuwendung unter der Bedingung des Religionswechsels ist als ungehörig und unwürdig anzusehen und deshalb ungültig.

III. **Staatsbürgerschaft** (s. diesen Art. ÖSt. Wb.). Die Staatsbürgerschaft ist ein Verhältnis des öffentlichen Rechtes, doch ist Erwerb und Verlust derselben von dem abGb. in der Hauptsache geordnet worden.

Die österreichische Staatsbürgerschaft wird durch privatrechtliche Vorgänge erworben: so von den ehelichen Kindern eines österreichischen Staatsbürgers durch die Geburt, gleichviel an welchem Orte die Geburt erfolgt; ebenso von den unehelichen Kindern einer Staatsbürgerin. Legitimation wirkt wie eheliche Geburt, wenn sie während der Minderjährigkeit des legitimierten Kindes erfolgt (Hfd. v. 30. Aug. 1832); Adoption ist hier ohne Einfluß (§ 183). Endlich kann durch eine gültige Ehe mit einem Österreicher eine Ausländerin die österreichische Staatsbürgerschaft erlangen.

Außerdem kann die Staatsbürgerschaft nur durch den öffentlichen Akt der Verleihung erlangt werden, nachdem die Bestimmungen des § 29 abGb. abgeändert sind. Die Verleihung erfolgt durch die Staatsbehörden II. Instanz, doch ist die Zusicherung der Aufnahme in den Gemeindeverband seitens einer Gemeinde nachzuweisen (§ 2 Heimatsges. v. 6. Dez. 1863).

Diese Zusicherung kann nicht verweigert werden nach zehnjährigem Aufenthalt in der Gemeinde (Ges. v. 5. Dez. 1896, Nr. 222, § 5). Bei Anstellung als Staatsbeamter erfolgt gleichzeitig die Verleihung des Staatsbürgerrechtes und die Beamtung, wobei von der Zusicherung der Aufnahme abgesehen wird.

Die Staatsbürgerschaft hört auf durch Verehelichung einer Inländerin mit einem Ausländer; durch Legitimation eines unehelichen Kindes einer Inländerin durch einen Ausländer (§§ 6, 19 Ges. v. 24. März 1832). Ferner durch gültige Annahme einer fremden Staatsbürgerschaft; diese ist nur beschränkt durch die Wehrpflicht, bedarf daher vor Erfüllung der Wehrpflicht der Entlassung aus dem Staatsverband, die durch die Heeresverwaltung erteilt wird.

IV. **Wohnsitz.** Wohnsitz, ordentlicher Wohnsitz, ist jener Ort, wo sich jemand in der erklärten oder aus den Umständen deutlich hervorgehenden Absicht des bleibenden dauernden Aufenthaltes niederläßt. Die Definition des Gesetzes (JN. § 66) trifft die meisten Fälle, doch ist persönliche Anwesenheit nicht immer nötig, um Wohnsitz zu begründen und zu erhalten. Kennzeichen des Wohnsitzes ist regelmäßig eine selbständige Wohnung, aber auch ein dauernder Geschäftsbetrieb oder eine dauernde Anstellung. Man kann mehrfachen Wohnsitz haben (Stadtwohnung und Landgut, Privatwohnung und Geschäftsniederlassung). Das absichtliche Aufgeben der ständigen Niederlassung hebt den Wohnsitz auf.

Der Wohnsitz hat praktische Bedeutung für die Erlangung der Staatsbürgerschaft und Heimatsberechtigung (s. oben), für die Frage der Anwendung heimischen oder fremden Rechtes (§ 34 abGb., s. oben), als Ort für das Eheaufgebot (§ 72) und als Erfüllungsort von Verpflichtungen (§ 905 HG. Art. 324). Von besonderer Wichtigkeit aber ist, daß der Wohnsitz den Gerichtsstand in weitem Umfang begründet. Hierzu ist zu erwähnen, daß die österreichische Prozeßgesetzgebung die Schwierigkeit der Feststellung des tatsächlichen Wohnsitzes durch eine Reihe von Dispositivnormen zu erleichtern sucht, so z. B. daß die Ehefrau den Gerichtsstand des Wohnsitzes des Mannes teilt, so lange die Ehe nicht geschieden oder aufgehoben ist, und daß die gewaltunterworfenen Kinder den Gerichtsstand des Vaters teilen und beibehalten, bis sie selbständig werden (JN. §§ 70, 71). Diese Bestimmungen sind auch im Privatrecht anzuwenden (vgl. D. BGB. §§ 7—11).

V. **Familienangehörigkeit.** Die durch Abstammung verbundenen Personen heißen verwandt. Die Verwandtschaft wird bestimmt nach Graden, nach der Zahl der Zeugungen, durch welche die beiden fraglichen Personen in gerader Linie voneinander oder in der Seitenlinie von dem nächsten gemeinsamen Aszendenten abhängen (§ 41). Ein Elternpaar mit seiner ganzen ehelichen Deszendenz wird im Gesetze als Familie (§ 40), auch als Verwandtschaftslinie (§ 731 usw.) bezeichnet. Daß der Ausdruck „Eltern" alle Aszendenten, der Ausdruck „Kinder" alle Deszendenten umfasse, wird in § 42 als Regel hingestellt, was jedoch nur für den Sprachgebrauch des Gesetzes, nicht für die Auslegung privater Willenserklärungen (vgl. § 681) in Betracht kommt.

Das Verhältnis zwischen Ehegatten und das zwischen Eltern und Kindern findet im Familienrecht eingehende rechtliche Normierung; aber auch darüber hinaus kommt der Verwandtschaft rechtliche Bedeutung zu, so im Erbrecht (§ 594), als Ehehindernis, im Strafrecht und im Prozeß.

Die Beziehung zwischen den Verwandten eines Ehegatten und dem anderen Ehegatten heißt Schwägerschaft; sie wird in gleicher Weise abgestuft wie die Verwandtschaft zu dem einen Ehegatten, und hat einige von den rechtlichen Folgen der Verwandtschaft.

§ 10. Beschränkte Handlungsfähigkeit.

I. Jugendliches Alter. In ihrem eigenen Interesse wird jugendlichen Personen die Möglichkeit, über sich und ihre Rechte selbständig zu verfügen, in verschiedener Abstufung eingeschränkt. Die Einschränkung endet — offenbar zu spät — mit dem vollendeten 24. Jahre, Voll- oder Großjährigkeit. Als Ersatz oder als Ergänzung der Handlungsfähigkeit des Minderjährigen besteht eine Schutzgewalt, die ausgeübt wird durch den Vater oder durch einen Vormund.

Kinder bis zum vollendeten siebenten Jahre gelten als willensunfähig, ihr Verhalten kommt rechtlich nicht als menschliche Handlung in Betracht, auch nicht, soweit sie dadurch nur Vorteile erlangen würden (Besitzergreifung § 310, Annahme eines Schenkungsversprechens § 865). Schädigendes Verhalten derselben kann jedoch ausnahmsweise je nach billiger Erwägung nicht wie ein bloß zufälliges Ereignis, sondern wie verpflichtendes menschliches Handeln behandelt werden (§§ 1308—1310).

Nach dem siebenten Jahre können Minderjährige durch eigene Handlungen Rechte erwerben (Besitzerlangung § 310), jedoch ohne Zustimmung eines Vertreters sich in keiner Weise vermögensrechtlich belasten. Wichtige Rechtsgeschäfte bedürfen neben der Zustimmung des Vertreters auch die des Vormundschaftsgerichtes (§ 233, Zahlung § 1421). Das von dem Minderjährigen allein geschlossene Rechtsgeschäft bleibt für den anderen Vertragsteil vorläufig bindend, bis der Vertreter des Minderjährigen in angemessener Frist über seine Zustimmung entschieden hat (§ 865). Nach dem siebenten Jahre ist auch die Zurechnungsfähigkeit für rechtswidriges Verhalten zivilrechtlich anzunehmen, da eine andere Bestimmung im Gesetze fehlt (Arg. 1306 f.); die kriminelle Strafmündigkeit ist in vollem Umfange mit 14 Jahren, in beschränktem Umfange mit 10 Jahren bestimmt (StrGes. §§ 2, 237).

Mit vollendetem 14. Jahre (Mündigkeit) erlangen Minderjährige die Fähigkeit, das Religionsbekenntnis zu ändern, eine Ehe zu schließen (§ 48), ein Testament zu machen, allerdings bis zum 18. Jahre nur in gerichtlicher Form (§ 569). Der Mündige kann selbständig verfügen über die Sachen, die ihm zum Gebrauch überlassen worden und über das, was er durch eigene Tätigkeit erlaubterweise erwirbt, diesbezüglich auch verpflichtende Geschäfte allein schließen (§§ 151, 246).

Die Wirkungen der Großjährigkeit können vor vollendeten 24 Jahren eintreten:

a) durch Entlassung aus der väterlichen Gewalt, die ausdrücklich durch Erklärung des Vaters und des Gerichtes oder nach vollendetem 20. Jahre formlos durch die väterliche Gestattung eines eigenen Haushaltes (§ 174) erfolgt;

b) durch gerichtliche Erklärung der Großjährigkeit eines Bevormundeten (§ 252), welche auch indirekt liegt in der gerichtlichen Gestattung eines Gewerbebetriebes, der Großjährigkeit gesetzlich voraussetzt.

Über das 24. Jahr kann die Beschränkung der Handlungsfähigkeit verlängert werden durch gerichtliche Verfügung, welche die väterliche Gewalt oder die Vormundschaft verlängert, wenn wichtige Gründe im Interesse des Kindes es wünschenswert erscheinen lassen, z. B. leichtsinnige Schulden, Delikte, Gebrechen usw. (§§ 172, 173, 251).

II. Geisteskrankheit. Geistig anormale Personen können nicht als handlungsfähig betrachtet werden; sie erhalten, wenn der anormale Zustand dauernd ist, in ihrem eigenen, wie im allgemeinen Interesse ohne ihren Willen einen gesetzlichen Vertreter, Kurator, werden also „entmündigt". Die Entmündigung ist ein schwerer und mißbrauchsfähiger Eingriff in den Privatrechtskreis, der nur im Falle der Notwendigkeit von dem Gerichte zuzulassen ist.

Das Gesetz ordnet die Bestellung eines Kurators für den Fall des Wahnsinns und Blödsinns an (§ 273), wobei nach ärztlichem Gutachten vom Gerichte darauf zu sehen ist, ob der Anormale „des Gebrauches der Vernunft gänzlich beraubt oder wenigstens unvermögend ist, die Folgen seiner Handlungen einzusehen" und „seine Angelegenheiten selbst gehörig zu besorgen" (§ 21). Der Kurator hat die Vermögensverwaltung und die Fürsorge für die Person des Kuranden zu führen (Anhaltung in einer Anstalt!). Die Bestellung der Kuratel, die öffentlich bekanntgemacht wird, macht den Kuranden willensunfähig (§ 865), bis die Kuratel gerichtlich aufgehoben wird; nur die Testierfähigkeit tritt von selbst auch vor Aufhebung der Kuratel ein, wenn erwiesen werden kann, daß der Testierende ganz oder zeitweise „bei voller Besonnenheit" gewesen sei (§ 567).

Bei Fällen geringerer Anormalie (Schwachsinn) gehen die erwähnten Wirkungen der Kuratelverhängung offenbar zu weit; legislativ richtig sollte nur eine Beschränkung der Handlungsfähigkeit ohne Fürsorge für die Person angeordnet werden (s. D. BGB. §§ 6, 104, 114), was jedoch im aBGb. nicht vorgesehen ist.

Besteht keine Kuratel, so ist für jeden einzelnen Fall nachhinein zu ermitteln, ob der Handelnde willensunfähig oder doch in einem Zustand war, in dem er seine Angelegenheiten nicht gehörig besorgen konnte. Die Verantwortlichkeit wegen widerrechtlicher Handlungen ist zivilrechtlich und strafrechtlich stets nach den konkreten Umständen zu beurteilen, auch bei Bestehen der Kuratel.

III. Wegen Verschwendung soll vom Gericht derjenige unter Kuratel gestellt werden, der sein Vermögen auf unbesonnene Art durchbringt und sich oder seine Familie künftigem Notstande preisgibt. Der erklärte Verschwender ist wie ein Minderjähriger in seiner Verpflichtungsfähigkeit beschränkt, kann auch eine Ehe nur mit Konsens schließen (§ 49), steht aber nicht unter Fürsorge für seine Person; er kann nur über die Hälfte seines Vermögens ein neues Testament errichten (§§ 568, 718), kann aber ein früher errichtetes Testament aufheben (§ 718) und ist fähiger Testamentszeuge (§ 591).

IV. Sonstige Gebrechen. Entmündigung wegen Trunksucht ist in Österreich nicht gesetzlich anerkannt (s. D. BGB. § 6); doch kann in Galizien und Bukowina einer während eines Jahres dreimal wegen Trunkenheit bestraften Person der Besuch öffentlicher Gast- und Schankräume polizeilich für ein Jahr untersagt werden.

Körperliche Gebrechen, welche nicht die geistige Fähigkeit zur Geschäftsführung ausschließen, sind kein Anlaß zur Entmündigung; doch kann dem Bresthaften auf seinen Wunsch ein Kurator bestellt werden, z. B. Taubstummen (Arg. § 275). Faktisch sind sie zu manchen Rechtshandlungen nicht fähig, z. B. nicht zum Auftreten vor Gericht, Blinde, Taube, Stumme nicht zur Zeugenschaft bei Testamenten (§ 591).

Die Handlungsfähigkeit kann auch vorübergehend durch körperliche Zustände ausgeschlossen sein (Trunkenheit, epileptischer Anfall).

Die Wirkung der Konkursverhängung gehört nicht unter die Beschränkung der Handlungsfähigkeit; ebenso soll die Anordnung einer Kuratel in den übrigen Fällen (Abwesende, Unbekannte Interessenten, Obligationäre) eine Erweiterung, nicht eine Beschränkung der Handlungsfähigkeit bilden.

§ 11. Juristische Personen.

I. Die Erscheinungen, denen das Recht neben den Menschen Rechtsfähigkeit beilegt und die wir deshalb „juristische Personen" nennen, sind nicht notwendig gleicher Art; nur die Rechtsfolge, die Rechtsfähigkeit, ist ganz oder hauptsächlich gleich, die tatsächlichen Voraussetzungen, an welche diese Rechtsfolgen geknüpft sind, können verschieden sein. Man anerkennt heute allgemein zwei Hauptarten juristischer Personen, Vereinigungen von Menschen, Körperschaften genannt, und Stiftungen. Unter den Körperschaften sind zu unterscheiden öffentliche, die aus staatlichen Rücksichten von Rechts wegen organisiert sind, wie Staat, Gemeinden, und private, die durch Willkür von Einzelnen gegründet werden,

Vereine, Gesellschaften. Auch einige rechtliche Erscheinungen, deren Zugehörigkeit zu den juristischen Personen fraglich ist, sind hier anschließend zu erwähnen.

Das österreichische Gesetzbuch normiert nur Körperschaften, die es in § 26 als „erlaubte Gesellschaften" bezeichnet, unter welchem Ausdruck selbstverständlich nach dem Inhalt des Gesetzes (z. B. §§ 1203, 1207 f.) die obligatorischen Gesellschaftsverträge (societas) nicht eingereiht werden können. Bezüglich der Stiftungen verweist das Gesetz in § 646 auf das Verwaltungsrecht, indem es deren Rechtsfähigkeit einfach voraussetzt.

II. Nach § 26 genießen juristische Personen „in der Regel gleiche Rechte mit den einzelnen (sc. physischen) Personen", im Vermögensrecht nämlich, da aus natürlichen Gründen die Anwendung des Familienrechtes hier ausgeschlossen ist. Alle juristischen Personen sind fähig, Eigentum zu haben (§§ 286, 355); Einschränkungen im Erwerb von Grundeigentum zu Ungunsten geistlicher Körperschaften, wie sie früher vielfach bestanden haben, bestehen gegenwärtig nicht, können aber gesetzlich eingeführt werden (Art. 6 StGrGes. v. 21. Dez. 1867, Nr. 142). Wie das Eigentum kann eine juristische Person auch Besitz, Pfandrecht, Servituten haben; persönliche Servituten stehen ihr zu für die Dauer ihrer Existenz (§ 529). Juristische Personen sind erbfähig (§§ 559, 778), können Bergbaurechte und Immaterialgüterrechte erwerben, obligatorisch berechtigt und verpflichtet werden, und vor Gericht klagen und geklagt werden. Sie haben ihren normalen Gerichtsstand an ihrem Sitz (JN. §§ 74, 75). Allen juristischen Personen ist nach §§ 1454, 1472, 1485 die Begünstigung gewährt, daß ihnen gegenüber die Ersitzung und Verjährung erst nach 40, statt nach 30 Jahren wirksam wird, was legislativ wohl nicht für alle Fälle gerechtfertigt erscheint. Manche juristischen Personen sind noch außerdem privatrechtlich begünstigt; so stellt § 21 den „Gemeinden" den „besonderen Schutz der Gesetze" in Aussicht, der allerdings nur nach Maßgabe des Verwaltungsrechts ausgeübt wird (§§ 27, 290, 867); so sind öffentliche Korporationen, gemeinnützige und fromme Stiftungen im Erbrecht begünstigt (§§ 685, 778: kais. Pat. v. 9. Aug. 1854, Nr. 208, § 159). Besondere Vorrechte des Fiskus sind im Verwaltungsrechte angeordnet.

Die Rechtsfähigkeit der juristischen Personen erfordert zur praktischen Geltendmachung auch die Möglichkeit rechtlicher Handlungen derselben; diese Möglichkeit vermittelt der Rechtssatz, daß die satzungsmäßigen Organe der juristischen Personen nicht bloß als Bevollmächtigte, sondern als gesetzliche Vertreter derselben gelten, und daß die Handlungen der Organe als Handlungen der juristischen Personen angesehen werden. Dieser im römischen Recht mit dem Begriff der juristischen Personen allmählich entwickelte Rechtssatz ist im österreichischen Gesetzbuch so wenig wie in anderen Gesetzen ausgesprochen und wird als selbstverständlich vorausgesetzt, folgt aus dem Begriffe der juristischen Personen und aus den Satzungen, die als Mindestmaß der Organisation irgend ein Organ der juristischen Personen angeben müssen. In welchem Umfange die Handlungen der Organe geeignet sind, im Vermögensrecht die juristischen Personen zu berechtigen und zu verpflichten, wird nach den Statuten und nach Regeln über die Stellvertretung beurteilt. Jedenfalls wirkt verpflichtend jedes geschäftliche Auftreten der Organe innerhalb des satzungsmäßigen Zweckes der juristischen Person, also nicht nur ein Rechtsgeschäft, sondern auch ein widerrechtliches Handeln, das die Verletzung einer Vertragspflicht oder einer gesetzlichen privatrechtlichen Pflicht bildet, z. B. Besitzstörung, unberechtigte Bauführung, Eingriff in fremdes Patent oder Musterrecht.

Die Haftung der juristischen Personen aus rechtswidrigem Verhalten ihres Organs wurde vielfach bezweifelt, da die Anwendung krimineller Normen und Strafen hier allerdings nach der Tendenz des Strafrechts ausgeschlossen erscheint. Aber die zivile Folge der Haftung und des Ersatzes verfolgt auch gegenüber Delikten nicht die Straftendenz und muß auch gegen die juristischen Personen eintreten, denn die Verleihung der Rechtsfähigkeit an diese darf das Publikum nicht schädigen und die Interessen Dritter gegen den Geschäftsbetrieb der juristischen Personen nicht schutzlos lassen. Dieser Standpunkt tritt hervor in § 337, wonach die Gemeinde als „unredlicher Besitzer" anzusehen ist, wenn die Organe unredlich vorgegangen sind (s. auch Ges. v. 5. März 1869, Nr. 27, § 1; Ges. v. 28. Dez. 1887, Nr. 1 ex 1888, § 45; auch D. BGB. § 31).

Schließlich ist zu erwähnen, daß juristische Personen den Schutz der Ehre genießen (StrGes. § 492, abGb. § 1330), daß ihnen das Recht der freien Meinungsäußerung zuerkannt worden ist, daß endlich ihnen das Wahlrecht zum Landtag als Besitzern landtäflichen Gutes zustehen kann, allerdings mit Ausnahme der staatlichen Korporationen (Gemeinde usw.) und der Stiftungen.

Die wichtigsten Vereinigungen zu wirtschaftlichen Zwecken stehen außerdem unter besonderen Normen, so Aktiengesellschaften (s. Handelsges. Art. 207 f.), Erwerbs- und Wirtschaftsgenossenschaften (Ges. v. 9. April 1873, Nr. 70), Gesellschaften mit beschränkter Haftung (Ges. v. 6. März 1906, Nr. 58).

III. Körperschaft, organisierte Personenvereinigung ist eine unkörperliche, doch reale Erscheinung, die praktische Bedeutung auch außerhalb des Rechtsgebietes ohne verwaltungs- oder privatrechtliche Anerkennung haben kann. Gerade ihrer praktischen Bedeutung wegen sind nichtanerkannte Körperschaften verboten, die Beteiligung an solchen als unerlaubten oder „geheimen" Vereinen strafbar (StrGes. §§ 285, 286). Nur für das strafrechtliche Verbot kann es wichtig sein, wann man in natürlichem Sinne schon von einem „Verein" sprechen kann. Für das Privatrecht kommen nur die Bedingungen in Betracht, die das Verwaltungsrecht für die Anerkennung „erlaubter Gesellschaften" und für die Entstehung öffentlicher Korporationen aufstellt; mit der öffentlichrechtlichen Anerkennung ist in Österreich die private Rechtsfähigkeit der Korporation von selbst gegeben.

Auf die Normen des Verwaltungsrechtes über die „öffentlichen Korporationen", über Gemeinden, Bezirke, Berufsgenossenschaften, Krankenkassen usw., ist hier einfach zu verweisen (s. die betreffenden Artikel im Ö. StWb.). Staatliche Behörden sind keine selbständigen Vermögenssubjekte, auch nicht, wenn sie kollegial geleitet werden und über Vermögen disponieren; nur in manchen Fällen haben staatliche Organe den Korporationscharakter historisch bewahrt, wie Universitäten.

Was die privaten Korporationen betrifft, so bedürfen die wichtigsten auf wirtschaftliche Zwecke gerichteten der staatlichen Genehmigung, so Aktiengesellschaften, Gewerkschaften, Versicherungsanstalten, Sparkassen; sie entstehen erst durch die Genehmigung als Rechtssubjekte. Doch können Rechtsgeschäfte mit Wirkung für den Fall der Entstehung schon vorher bedingt geschlossen werden.

Soweit die staatliche Genehmigung nicht gesetzlich vorbehalten ist, entstehen Vereine nach dem Vereinsgesetz durch Anmeldung bei der Behörde, wenn die Anmeldung als angemessen bestätigt oder binnen vier Wochen nicht zurückgewiesen wird. Nach gesetzlicher Bestimmung müssen die der Anmeldung des Vereines zugrunde liegenden Satzungen bereits alle Bestimmungen enthalten, welche dem Wesen einer Korporation entsprechen; namentlich den Zweck des Vereins und die Art seiner Tätigkeit, seine Organisation, also die Art wie Mitglieder eintreten und ausscheiden, die Organe des Vereines, ihre Bestellung und Befugnis, endlich seine Beendigung und das Schicksal seines Vermögens in diesem Falle. Mindestens die gleichen Erfordernisse setzt die staatliche Genehmigung voraus.

Von privatrechtlicher Bedeutung ist ferner folgendes. Ob durch Handlungen der Vereinsorgane der Verein unmittelbar berechtigt und verpflichtet wird, ist außer nach den Satzungen, auch nach den Regeln der Stellvertretung zu entscheiden. Das Vermögen des Vereines ist von dem Vermögen der Mitglieder vollständig geschieden; die Mitglieder haften nicht für Schulden des Vereines. Wieweit die Mitglieder dem Vereine gegenüber berechtigt und verpflichtet sind, ist ein eigenes, ganz selbständiges Rechtsverhältnis (sog. Genossenrecht), das in den Satzungen, in manchen Fällen (Erwerbs- und Wirtschaftsgenossenschaften, Aktiengesellschaften) in Gesetzen geregelt ist. Das Mitglied schuldet nur dem Verein, nicht dritten die satzungsmäßigen Leistungen, die zivilrechtliche Schulden des Mitglieds bilden. Ansprüche an den bestehenden Verein haben die Mitglieder nur auf Grund der Satzungen.

Bei Aufhebung einer Korporation finden die Regeln des Erbrechtes keine Anwendung, auch nicht das Heimfallsrecht des Fiskus (§ 760); vielmehr ist über etwa vorhandenes Vermögen schon in den Satzungen verfügt oder im Sinne der Satzungen nach Zweck und Wesen der Korporation zu verfügen, worüber als zivilrechtliche Frage gerichtlich zu entscheiden ist. Verfolgt der Verein wirtschaftliche oder andere Interessen seiner eigenen Mitglieder, so gebührt das Vermögen den bei der Auflösung vorhandenen Mitgliedern, soweit nicht die Satzungen anders verfügen; ist die Korporation eine öffentliche, oder verfolgt sie andere Zwecke als die Interessen ihrer eigenen Mitglieder, so haben die Mitglieder keinen Anspruch auf das Vermögen.

Formell kann bei Aufhebung der Korporation noch ein Zwischenzustand eintreten, den man als Liquidation bezeichnet; die Organe fungieren weiter, soweit es nötig ist, um die laufenden Rechtsbeziehungen zum Abschluß zu bringen. Wo ein solcher Rechtszustand nicht vorgesehen ist, muß wohl der Staatsbehörde die Vertretung allgemeiner Interessen zufallen, und den Einzelnen die private Geltendmachung ihrer Ansprüche überlassen bleiben (z. B. bei behördlicher Auflösung eines Vereines, der Interessen seiner Mitglieder verfolgt).

IV. Stiftungen (s. darüber Ö. StWb.) bestehen ihrem Wesen nach darin, daß ein Vermögen zu einer dauernden Verwendung bestimmt, und daß die Verwendung nicht einem schon bestehenden Rechtssubjekt, sondern einer eigenen Organisation übertragen wird. Die Verwendung eines gestifteten Vermögens kann zwar einem schon bestehenden Rechtssubjekt überlassen werden, der dauernden Verwendung entsprechend meist einem dauernden Rechtssubjekt, z. B. einer öffentlichen Korporation. Dann liegt aber ein rein privatrechtlicher Vorgang vor, eine Zuwendung sub modo; man nennt das Vermögen und die Widmung populär auch Stiftung, juristisch genauer jedoch „unselbständige Stiftung".

Die selbständige Stiftung erfordert neben dem Willensakt des Stifters, der das Vermögen, den Zweck und die Organisation angeben muß, noch staatliche Genehmigung (Hfzd. v. 21. Mai 1841, Nr. 541). Die Erklärung des Stifters, die letztwillig oder unter Lebenden formlos erfolgen kann, wird privatrechtlich bindend und wirksam, wenn die Stiftungsbehörde die Stiftung auf Grund eines vollständigen Stiftsbriefes für annehmbar erklärt; das versprochene Vermögen wird nach der behördlichen Annahme privatrechtlich eingetrieben. Der Staat, der die Stiftung dauernd in Obsorge behält, nimmt praktischerweise nur Stiftungen zu gemeinnützigen, nicht zu individuellen oder Familienzwecken an.

Die Stiftung erlischt mit Wegfall des Vermögens, mit Erfüllung oder Unmöglichwerden des Stiftungszweckes; doch tritt im letzteren Falle eine Verwendung des Vermögens zu verwandten Zwecken an die Stelle und erfolgt eine „Permutation" der Stiftung mit Ausfertigung eines neuen Stiftsbriefes.

V. Verwandte Fälle. Die „offene Handelsgesellschaft" ist keine organisierte Personenvereinigung, sondern ein rein obligatorisches Verhältnis unter den Gesellschaftern; doch wird durch einige gesetzliche Bestimmungen (HGes. Art. 111 §§ 119 f.) ermöglicht, daß das in dem gesellschaftlichen Betriebe verwendete Vermögen eine gewisse Selbständigkeit gegenüber dem sonstigen Vermögen der Gesellschafter erhält. Es können Rechte und Verbindlichkeiten für die „Firma" begründet und darüber unter dem Namen der Firma prozessiert werden; das Gesellschaftsvermögen haftet in erster Linie für die Schulden der „Firma" und kann von den Gläubigern eines Gesellschafters nur indirekt kraft der Sozietätsansprüche desselben in Anspruch genommen werden, während das Urteil gegen die Firma auch in das Vermögen der Gesellschafter vollstreckt werden kann (ED. § 11).

Das Vermögen eines Verstorbenen, die ruhende Erbschaft, wird erst durch den Erbschaftsantritt von dem Erben erworben, allerdings mit Rückwirkung von dem Erbfalle an. Bis zum Erbschaftsantritt erscheint die Erbschaft als subjektlos, wird aber als Vermögen für den künftigen Erben aufrecht erhalten, wobei die Rechtsfähigkeit im Bedarfsfalle nach der Person des Erblassers beurteilt (§ 547), die Handlungsfähigkeit zum Zwecke der Erhaltung des Vermögens durch einen Verlassenschaftskurator vermittelt wird. Es existiert hier weder ein besonderer, über das subjektive Interesse hinausgehender Zweck der Vermögensverwendung, noch eine Organisation, wie es bei juristischen Personen sonst der Fall ist. (S. Anders, Erbrecht S. 9.)

Allgemeine Lehren. [I. 2.] 23

Sachen.

§ 12. Die Individualisierung der Sachen.

I. Der Ausdruck „Sache" im abGB. umfaßt teils im weiteren Sinne alle Rechts=
güter, gleich den Ausdrücken Ding oder Gegenstand (§§ 291, 311, 353), teils im engeren
Sinne nur körperliche Sachen (so §§ 350, 535, 1431 usw.). Die engere Bedeutung
wird in der folgenden Darstellung ausschließlich festgehalten, wie es heute meist üblich ist
(D. BGB. § 90). Das Sachenrecht im objektiven Sinne, im Gesetz als „dingliches
Sachenrecht" bezeichnet, betrifft die Beziehungen der Rechtssubjekte zu körperlichen Sachen.

Was körperlich ist, unterliegt keinem Zweifel. Im Zivilrecht macht die Anwendung
der für körperliche Sachen geltenden Regeln auf unkörperliche, soweit sie notwendig ist
(z. B. bei ungerechtfertigter Aneignung von Elektrizität) keine Schwierigkeit. Eine Mehrheit
von Sachen, für die eine gemeinsame Benennung üblich ist, wie Herde, Bibliothek, wird
durch diese Benennung nicht zu einer neuen körperlichen Sache. Der Ausdruck „Vermögen"
betrifft eine Mehrheit von Rechtsverhältnissen, nichts körperliches (s. unten S. 31).

Manche Begriffe und Rechtssätze in betreff der Sachen haben allgemeine Bedeutung
nicht nur für das ganze Sachenrecht, sondern auch noch darüber hinaus. Freilich bietet
die allgemeine Erörterung hier fast mehr Schwierigkeiten als Vorteile, da das abGB. die
allgemeinen Aussprüche über die Sachen ganz im Sinne der damaligen Doktrin formuliert
hat, so daß der Sinn des Gesetzes nur historisch ermittelt, die Ausdrucksweise des Gesetzes
aber gar nicht verwendet werden kann. Das Gesetz erklärt bewegliche Sachen als un=
beweglich, die mit Grundstücken in die Beziehung von Sachteilen oder von Zugehör treten. Mit
diesem Ausdruck ist aber nicht stets dasselbe gemeint. Die Darstellung des Gesetzesinhaltes
kann daher hier nicht von den Gesetzesworten, sondern wie auch sonst oft nur von den
Rechtswirkungen ausgehen.

II. Das abGB. hat im Sachenrecht die aus dem römischen Recht überlieferte Auf=
fassung beibehalten, daß ein Sachindividuum von einem Rechtsverhältnis (Eigentum, Pfand=
recht) ganz umfaßt, daß jedes sachenrechtliche Verhältnis nur auf eine einzige Sache be=
zogen wird, so daß an zwei Sachen desselben Eigentümers zwei Eigentumsverhältnisse,
nicht bloß eines besteht. Diese Gestaltung macht eine juristische, von der populären teil=
weise abweichende Individualisierung der Sachen notwendig. Das Meer, die Luft, der
Luftraum kommen nicht als Objekte von Sachenrechten in Betracht, soweit nicht eine Ab=
grenzung und Beherrschung der abgegrenzten Teile möglich ist. Auch fließende Gewässer
sind nur insoweit als Sachindividuen zu behandeln, als man von dem Vorgange des Dahin=
fließens abstrahieren kann, stehen daher unter besonderen Rechtsnormen (s. Sachenrecht).

Bewegliche Sachen von verschwindendem Wert kommen nur in wirtschaftlich bedeut=
samen Quantitäten als Rechtsobjekte in Betracht (Sandhaufen, Bienenschwarm).

III. Die rechtliche Individualisierung der Grundstücke erfolgt durch künstliche Hilfs=
mittel, durch das Institut der **Flurkarten und öffentlichen Bücher**. Der zum Zwecke
der Grundsteuererhebung in Österreich seit 1807 errichtete „**Kataster**" ist ein beschreibendes
Verzeichnis aller Grundteile des Staatsgebietes, an das sich eine kartographische Darstellung
„**Katastralmappe**" anschließt, welche zugleich als Flurkarte der rechtlichen Indivi=
dualisierung dient. Im Kataster wird das Staatsgebiet in kleine Abschnitte, „**Parzellen**"
zerlegt und die Identität der einzelnen Parzellen festgestellt sowohl durch bildliche Dar=
stellung in der Flurkarte, als auch durch Beschreibung der Grenzen und der Kulturgattung.
Zugleich erhält jede Parzelle eine eigene Bezeichnung, gleichsam einen Namen, indem in
jeder selbständigen Ortsgemeinde mit eigenem Flurbuch die Parzellen mit fortlaufenden
Nummern versehen werden, z. B. „Katastralgemeinde A im Gerichtsbezirk B, Katasterzahl
Nr. 1, Garten". Auch öffentliche Wege, Gewässer, Eisenbahnen sind im Kataster und der
Mappe enthalten.

Welcher Grundteil als selbständige Parzelle bezeichnet wird, bestimmt sich zunächst
bei Anlegung des Katasters nur durch Rücksichten seiner Deutlichkeit und Vollständigkeit.

Auf Grund des Katasters entstehen die Sachindividuen, indem die in einem einheitlichen Rechtsverhältnis stehende, also derselben Person gehörige Grundfläche als eigener „Grundbuchskörper" im Grundbuche aufgenommen wird. Der Grundbuchskörper, der aus einer oder aus mehreren Parzellen bestehen kann, erhält seine Benennung durch die Reihenzahl der „Einlage", unter der er in dem Grundbuch der Katastralgemeinde verzeichnet wird; seine sachliche Beschreibung erfolgt dadurch, daß auf dem ersten Blatt, „Gutsbestandblatt" der Einlage die zu ihm gehörigen Parzellen katastermäßig angeführt werden.

Der Grundbuchskörper zeigt sich als rechtliche Einheit, indem die sachenrechtlichen Verhältnisse (Eigentum, Pfandrecht, Servitut) für alle seine Teile notwendig gleich sind; indem ferner einzelne Teile der Grundfläche (Parzellen oder Teile von Parzellen) nur dann unter andere Rechtsverhältnisse gelangen können, wenn sie durch ein eigenes gerichtliches Verfahren („Abschreibung") getrennt worden sind. Manche sachenrechtliche Änderungen können zwar an sich außerbücherlich an unabgesonderten Teilen eines Grundbuchskörpers eintreten (Verbauung, Ersitzung), erlangen aber absolute Wirksamkeit erst nach der Abtrennung des betreffenden Teiles durch Verbücherung.

IV. Grundstücke als Individuen sind in vertikaler Richtung bestimmt durch die Rechtsregel, daß zu der Oberfläche als Bestandteil gerechnet wird alles, was mit derselben dauernd verbunden ist, sowie der Untergrund und der darüber befindliche Luftraum; Eigentum und Pfandrecht an der Oberfläche umfaßt prinzipiell alles damit zusammenhängende, während Servituten selbstverständlich auch eine teilweise Benutzung zum Inhalt haben können. Von dem Prinzip werden jedoch Ausnahmen anerkannt: Keller unter fremder Oberfläche können als eigene Sachindividuen behandelt und selbständige Grundbuchskörper werden (Hfkb. v. 2. Juli 1832), so daß auf einer Katasterparzelle zwei Grundstücke übereinander liegen. Ebenso wird Stockwerkseigentum an Gebäuden behandelt, soweit dasselbe historisch erhalten ist (Ges. v. 30. März 1879 Nr. 50). In Tirol können Fruchtbäume auf fremdem Grund als selbständiges Vermögensobjekt, doch nicht als Grundbuchskörper erscheinen; Neubegründung solcher Verhältnisse ist ausgeschlossen (Ges. v. 17. März 1897 Nr. 77, Art. III, IV). Keine Ausnahme bildet das „Bergwerkseigentum", das nicht als Eigentum am Untergrund und an den Objekten des Bergbaues gedacht ist, sondern als ein weitgehendes dingliches Recht an den fremden Grundstücken; nur formell besteht die Ausnahme, daß die Bergbaurechte nicht als Lasten im Grundbuche, sondern in eigenen Bergbüchern verzeichnet werden.

VI. Die Individualisierung der Sachen ändert sich nach natürlicher Auffassung durch physische Vorgänge; so entstehen durch Trennung einer bisher einheitlichen Sache mehrere Sachen, so kann durch Verbindung mehrerer Sachindividuen eine einheitliche zusammengesetzte Sache entstehen. In betreff der Trennung folgt die juristische Auffassung der natürlichen; die an der ursprünglichen Sache bestandenen Rechtsverhältnisse erstrecken sich auf die Trennstücke, soweit nicht für den Fall der Trennung besondere Regeln oder Verfügungen gelten, wie vielfach bei Früchten, §§ 330, 511. Die Verbindung dagegen beeinflußt die juristische Auffassung und die bestehenden Rechtsverhältnisse nur unter besonderen Bedingungen. Die juristische Existenz verbundener Sachen hört jedenfalls auf durch eine untrennbare Verbindung, wenn also die Herstellung der früheren Sachindividuen gar nicht oder doch nicht ohne unverhältnismäßigen Schaden oder Aufwand möglich ist (Vermischung von Flüssigkeiten, Einpflanzen von Bäumen). Hier hört das bisherige Eigentum auf und es entsteht an dem Ergebnis der Vereinigung entweder Miteigentum (§ 415) oder Alleineigentum des Eigentümers der Hauptsache (§§ 420, 416), unbeschadet etwaiger obligatorischer Ersatzansprüche.

Eine trennbare Verbindung (Stein im Schmuckstück, Rad in der Maschine) ändert regelmäßig nicht die Sachindividuen und die Rechtsverhältnisse; nur bewegliche Sachen, die als Materialien zur Aufführung eines Gebäudes verwendet worden sind, werden ohne Rücksicht auf die Trennbarkeit Bestandteile des Gebäudes und verlieren ihre selbständige juristische Existenz (§§ 417, 418).

§ 13. Rechtlich wichtige Eigenschaften der Sachen.

I. Eine Sache, die unentbehrlich oder nützlich ist für die Benützung einer anderen Sache wird als „Zugehör" (Pertinenz) bezeichnet, wenn beide Sachen in eine äußerlich erkennbare Zusammengehörigkeit gebracht worden sind. Die wirtschaftliche Zugehörigkeit wird objektiv nach der Verkehrsauffassung, nicht nach der subjektiven Verwendung des jeweiligen Eigentümers beurteilt; sie ist teilweise gesetzlich bestimmt (§§ 294—296), besonders für landwirtschaftliche Grundstücke (§ 296), für Eisenbahnen und andere Unternehmungen (Ges. v. 19. Mai 1874 Nr. 70, §§ 5, 6; Efg. z. ED. Art. XI).

II. Über Zugehör gelten folgende Rechtsregeln:

a) Rechtsgeschäfte über die Hauptsache, als Verkauf, Vermietung, betreffen nach objektiver Auslegung (§§ 914, 915) auch das Zugehör, das zur Zeit des Rechtsgeschäftes vorhanden war; diese Interpretation wird nicht ausgeschlossen durch eine zeitweilige Entfernung der Pertinenz (z. B. behufs Reparatur); sie wird ausgeschlossen, wenn die äußerliche Verbindung des Zugehörs nicht auf Dauer bestimmt (z. B. zur Probe) oder nicht von dem Eigentümer der Hauptsache vorgenommen war.

b) Die sachenrechtlichen Schicksale der Hauptsache erstrecken sich regelmäßig auf das Zugehör, soweit kein rechtliches Hindernis vorliegt. Die Tradition der beweglichen Hauptsache ist ein „genügendes Zeichen der Übergabe" (§ 427) auch für die Pertinenz und begründet Eigentum und Pfandrecht selbst an der zeitweilig entfernten Pertinenz. Bewegliches Zugehör von Grundstücken wird nach dem Rechte der Grundstücke durch Intabulation auch ohne Tradition erworben; bei ungültiger Intabulation wird Eigentum und Pfandrecht an dem Zugehör nicht erworben trotz erfolgter Tradition des Grundstückes. Vorausgesetzt ist dabei selbstverständlich, daß der Rechtsgrund des Erwerbs das Zugehör mit umfaßt, was aber nach a) die Regel bildet. Die Immobiliarexekution erfaßt von selbst auch das Zugehör (ED. § 140), sofern es nicht im Eigentum oder unter dem Pfandrecht einer anderen Person steht.

c) Bei landwirtschaftlichen Grundstücken erstreckt sich der Rückforderungsanspruch regelmäßig auf das Grundstück in der „gewöhnlichen wirtschaftlichen Kultur" (§§ 1109, 1110) und mit den „zur ordentlichen Benützung erforderlichen Stücken" (§ 518), die eben in § 296 als Zugehör angeführt sind. Auch der Vindikationsanspruch hat den gleichen Umfang; gegen den unredlichen Besitzer zweifellos (§ 335), gegen den redlichen mindestens auf Rückgabe in dem Zustand zur Zeit der Klagezustellung (§ 338). Doch kann der Geklagte für das herauszugebende, aber von ihm beigestellte Zugehör nach allgemeinen Regeln (§§ 330, 331, 336) Ersatz verlangen (vgl. dazu Prot. I, S. 234, II, S. 370; f. **Unger** I S. 394 und Zitate bei **Krainz** § 242 Nr. 2.)

Ferner kann das landwirtschaftliche Zugehör nicht im Wege der Mobiliarexekution dem Grundstück entzogen werden (Ges. v. 10. Juni 1887 Nr. 74, § 3; ED. § 252).

III. „Gesamtsache" (§ 302) oder Sachgesamtheit bedeutet eine Mehrheit von beweglichen Sachindividuen, die „als eine Sache angesehen" und mit einem „gemeinschaftlichen Namen bezeichnet zu werden pflegen", z. B. Bibliothek, Warenlager, Herde. Die Gesamtsache ist kein eigenes Sachindividuum, nur ein Name für die wirtschaftlich vereinigten Sachen, von denen jede in sachenrechtlicher Beziehung selbständig zu beurteilen ist; Besitz, Eigentum, Pfandrecht muß für die einzelnen Bestandteile der Gesamtsache separat bestimmt werden. Der Begriff der Gesamtsache hat nur sofern rechtliche Bedeutung, als bei Rechtsgeschäften die kurze Bezeichnung als Gesamtsache genügt und eine Aufzählung der Individuen nicht von vornherein notwendig ist; Gleiches gilt auch für die Eigentums- und Pfandklage. Ferner ist zur Besitzübertragung an allen Teilen ein auf die Gesamtheit bezügliches Zeichen üblich und genügend (arg. § 427). Endlich ist bei Verfügungen über Gesamtsachen häufig gemeint, daß nicht nur die zur Zeit der Verfügung (Legat, Verpfändung) darin enthaltenen Individuen, sondern auch die später dazukommenden betroffen sein sollen.

IV. Bewegliche und unbewegliche Sachen werden rechtlich vielfach verschieden behandelt; so in bezug auf das internationale Privatrecht (s. oben), auf Entstehung und

Aufhebung der sachenrechtlichen Verhältnisse, auf Gewährleistung (§ 933), auf Vermietung (§ 1116), auf Exekution usw.

Die Normen für unbewegliche Sachen werden jedenfalls angewendet auf alle Grundstücke, teilweise aber auch auf andere Sachen. Auf den letzteren Umstand verweist das Gesetz mit den Worten, daß manche Sachen in „rechtlichem Sinne unbeweglich" sind (§ 293). Unter § 293 fallen erstens die Bestandteile der Grundstücke (Bäume, Gebäude), die rechtlich gar nicht selbständige Individuen sind und dem Rechte der Grundstücke vollständig folgen; zweitens das Zugehör der Grundstücke, das mit denselben in einzelnen Punkten gleich behandelt wird (s. oben S. 25, II). Es gibt aber außerdem noch Sachen, die nur in einzelnen Punkten dem Rechte der Grundstücke unterstehen, so Bauwerke, die auf fremdem Grund als zeitweilige aufgeführt werden, z. B. von einem Pächter oder gegen Widerruf zeitweilig zum Zwecke von Ausstellungen usw.; es kommt dabei nicht an auf die technische Art der Ausführung, sondern nach § 297 auf die Absicht, ob das Gebäude stets auf dem Grunde bleiben soll oder nicht. Solche provisorische Bauten sind weder Bestandteile des Grundes, noch Zugehör, müssen aber in bezug auf Vermietung, Verkauf, Ersitzung nicht wie bewegliche, sondern wie unbewegliche, aber nicht verbücherte Sachen behandelt werden. Gleiches gilt für Schiffsmühlen (Krainz I, § 88).

Auf Rechte kann die Bezeichnung als unbeweglich aus doppeltem Grunde angewendet werden (§ 298); denn erstens sind gewisse Rechte (Realrechte) aktiv mit dem Eigentume von Grundstücken notwendig verbunden und folgen somit den rechtlichen Schicksalen der Grundstücke (s. über diese Realrechte unten (§ 17); zweitens konnten früher gewisse Rechte als selbständige Einlagen im Grundbuche erscheinen (Urbarialrechte, z. B. Propination), waren also in dieser Richtung den Grundstücken gleichgestellt; Gleiches gilt heute von dem Rechte der Naphtagewinnung in Galizien (§ 2 des Ges. v. 11. Mai 1884, Nr. 71). Alle anderen Rechte, namentlich Hypotheken und Personalservituten, sind bewegliche (§ 299).

Der Ausdruck „unbewegliches Vermögen" in Gesetzen, (wie abGb. § 224, KonkO. § 59 oder VerlPat. §§ 21, 22 „unbewegliche Güter") bedeutet jenes Vermögen, das aus unbeweglichen Sachen nach der Ausdrucksweise des abGb. besteht. In Privatdispositionen ist die Bedeutung solcher Ausdrücke jeweilig durch Interpretationen festzustellen.

IV. Als „Früchte" werden jene Sachteile bezeichnet, deren Abtrennung und Aneignung wirtschaftlich als das normale Erträgnis der Hauptsache gilt. Früchte sind jedenfalls die regelmäßig sich erneuernden organischen Erzeugnisse, Baum- und Feldfrüchte, Milch, Wolle. Aber es gehören dazu auch organische Erzeugnisse, die sich nur langsam oder unregelmäßig erneuern, soweit sie wirtschaftlich zum normalen Nutzertrag gerechnet werden, wie Schlagholz, Tierjunge; sowie anorganische Sachteile, die sich nicht erneuern, aber eine dauernde Ausbeutung gestatten, Bergbau, Steinbruch, Quellen. Nicht zu den Früchten gehören gefallene Haustiere, Windbrüche, gefundener Schatz. Ob Sachteile als Früchte anzusehen sind, kann vor ihrer Abtrennung (stehende Früchte) wie nachher (getrennte, gezogene Früchte) wichtig werden für jene Rechtsverhältnisse, welche einem anderen als dem Eigentümer der Hauptsache einen Anspruch auf die Nutzung der Sache gewähren, wie Nießbrauch, Pachtvertrag, redlicher Besitz. Eine Definition oder positive Abgrenzung des Fruchtbegriffes gibt das abGb. nicht (vgl. D. BGB. §§ 99, 100), es ist also lediglich die wirtschaftliche Auffassung und Bestimmung entscheidend.

Gleiche wirtschaftliche und rechtliche Bedeutung haben neben den Früchten auch „andere Nutzungen" (§ 330), also jeder regelmäßige Gewinn, der aus der Sache ohne Abtrennung von Teilen gezogen werden kann (Zivilfrüchte).

V. Verbrauchbar heißen Sachen, die den normalen, ihrer wirtschaftlichen Bestimmung entsprechenden Gebrauch und Nutzen nur durch die Vernichtung als Sachindividuen gewähren (§ 301). Juristisch wichtig ist zunächst nur die negative Seite dieser Eigenschaft, derzufolge verbrauchbare Sachen keinen passenden Gegenstand der auf Sachnutzung gerichteten Rechtsverhältnisse (Miete, Leihe, Nießbrauch) bilden. Mit Rücksicht auf die gleiche negative Eigenschaft, durch bloßen Gebrauch keinen Nutzen zu gewähren, hat man den Ausdruck „verbrauchbar" juristisch auch auf andere Sachen, besonders auf „Geld" ausgedehnt, obwohl sie nicht in natürlichem Sinne verbraucht werden. Das abGb. (§ 983) führt die verbrauchbaren Sachen als notwendige Objekte des Darlehens an, wobei in ungenauer Weise (Unger I, § 408) die Begriffe verbrauchbar und vertretbar gleichgestellt werden.

VI. Die Eigenschaft der **Vertretbarkeit** wird im Gesetz nicht besonders hervorgehoben; doch gelten besondere Regeln für Vermächtnisse von Sachen „einer gewissen Gattung" (§ 656), und nach § 371 tritt eine Erschwerung der Vindikation ein bei Sachen, die sich von ähnlichen Sachen gleicher Gattung nicht unterscheiden lassen.

§ 14. Geld.

I. **Geld**, der wichtigste Repräsentant der vertretbaren Sachen, sind jene Sachen, die im Verkehr als allgemeines Tauschmittel und als Wertmesser anerkannt und verwendet werden; mit Rücksicht auf die wichtige Funktion des Geldes wird vom Staate Geld nach bestimmten Prinzipien — **Währung** — geschaffen und dessen Verwendung rechtlich geregelt. Neben dem Währungsgelde des eigenen Staates, dessen Wert rechtlich fixiert ist (Nennwert), bleibt im Inlande dem Währungsgelde anderer Staaten die Rolle des Verkehrsgeldes (Kurswert) eingeräumt; auch werden bei österreichischen Zoll- und Eisenbahnkassen die Goldmünzen der bedeutenderen Staaten in Zahlung angenommen. Doch kann bestimmten ausländischen Geldsorten die Verwendung im Verkehre durch Verordnung des Finanzministeriums entzogen werden.

II. In Österreich ist durch Ges. v. 2. Aug. 1892, Nr. 126 und kais. Verord. v. 21. Sept. 1899, Nr. 176 die Kronenwährung als ausschließliche eingeführt (danach ist Schuster, Obligationenrecht in dieser Sammlung S. 9 zu korrigieren). In allen Gesetzen, Verfügungen, öffentlichen Ankündigungen usw. sind seit 1. Januar 1900 Geldbeträge ausschließlich in Kronenwährung zu bezahlen; in früherer Zeit gesetzlich oder vertragsmäßig festgesetzte Geldbeträge sind nach bestimmtem Maßstabe in Kronenwährung umzurechnen. Die Umrechnung aus der österreichischen Währung erfolgt in dem Verhältnisse wie 2 : 1; ältere Währungen sind zunächst nach den früher bestandenen Rechtssätzen auf österreichische Währung zurückzuführen.

III. Alle Geldbeträge müssen in Geldzeichen der Kronenwährung entrichtet und angenommen werden, soweit nicht etwas anderes gesetzlich (Zollzahlung) oder vertragsmäßig (Münzsortenschuld) festgesetzt ist. Das kursierende Geld der Kronenwährung sind Goldstücke zu 20 und 10 Kronen; daneben bestehen Scheidemünzen (Teilmünzen) aus Silber, Nickel und Bronze, die nur beschränkte Zahlkraft haben. Bei Staats- und öffentlichen Kassen müssen Bronze- und Nickelmünzen bis 10 Kronen, Silbermünzen unbeschränkt als Zahlung in Goldwährung nach ihrem Nennwert angenommen werden; im Privatverkehr dagegen Bronze nur bis 1 K, Nickel bis 10 K, 1 K-Stücke bis 50 K und 5 K-Stücke bis 250 K. Die Einguldenstücke behalten volle Zahlkraft bis zu ihrer Außerverkehrsetzung; ältere österreichische Goldmünzen sind nur noch Verkehrsgeld.

IV. Andere Zahlungsmittel können mit Zahlkraft zugelassen werden durch staatliche Verfügung, wozu eine im Reichsgesetzblatt publizierte Verordnung des Finanzministeriums genügt. Den Noten der Österreichisch-ungarischen Bank ist durch das Bankprivilegium (s. Ldg. v. 21. Sep. 1899 Nr. 176, § 86) volle Zahlkraft verliehen, soweit nicht Zahlung in klingender Münze vorbehalten ist; diese Noten müssen allgemein zum Nennwert angenommen werden und genießen sofern einen Zwangskurs, als die Bank zur Einlösung der Noten in Goldmünzen derzeit noch nicht gesetzlich verpflichtet ist (Bankpriv. § 83).

§ 15. Verkehrsunfähige und öffentliche Sachen.

I. Alle körperlichen Sachen fallen prinzipiell unter die Regeln des Privatrechts, soweit auf sie überhaupt österreichisches Recht anzuwenden ist. Der Gedanke des römischen Rechts, daß gewisse Sachen dem Privatrecht ganz entzogen und nur nach anderen Normen zu behandeln seien, ist im abGb. nicht aufgenommen (arg. §§ 290, 355), es gibt also keine res extra commercium im römischen Sinne; vielmehr sind die Regeln des Privatrechts prinzipiell auf alle körperlichen Sachen anzuwenden, soweit nicht Normen des öffentlichen Rechtes entgegenstehen. Die öffentlich=rechtlichen Normen, die die Entstehung, Ausübung und Durchsetzung öffentlich=rechtlicher Verhältnisse an Sachen betreffen und dadurch die privatrechtliche Fähigkeit (Verkehrsfähigkeit §§ 311, 653, 878, 880) der Sachen beeinflussen, sind jedoch nach der Auffassung des Gesetzbuches in erster Linie maßgebend und werden durch das Privatrecht nur subsidiär ergänzt; in der Praxis ist jedoch die entgegengesetzte Tendenz überwiegend, so daß die Anwendung von verwaltungsrechtlichen Normen und Grundsätzen in fraglichen Fällen durch zivilrechtliche Erwägungen ungehörig eingeschränkt wird.

Über die einzelnen verwaltungsrechtlichen Verkehrsbeschränkungen s. Krainz I, § 87, Pfersche, Öster. Sachenrecht S. 45 f, Demelius, Sachenr., S. 15.

II. Eine besondere rechtliche Behandlung erfahren jene Teile der Erdoberfläche, die dem Verkehr zu dienen fähig und bestimmt sind, wie Straßen, Wege, Plätze, Gewässer, Meeresufer. Da sie dem öffentlichen Gebrauch — im folgenden Gemeingebrauch genannt — gewidmet sind, können sie in gewissem Sinne **öffentliche Sachen** (Wege, Plätze) genannt werden; doch ist diese in der österreichischen Praxis übliche Bezeichnung nicht empfehlenswert.

Das Rechtsverhältnis des Gemeingebrauches, das dem Verwaltungsrecht angehört, belastet das Grundstück in ähnlicher Weise wie eine privatrechtliche Servitut. Der Gemeingebrauch kann nicht nur an Grundstücken bestehen, welche dem Staate oder anderen öffentlichen Korporationen gehören, also nach § 287 aBGb. „öffentliches Gut" sind, sondern auch an Grundstücken im Eigentum Privater (Durchhäuser in Städten, Leinpfade an Ufergrundstücken, Saum= und Weidewege im Gebirge).

Die Frage, ob ein Weg öffentlich ist, wird im Verwaltungswege entschieden unter eventueller Überprüfung durch den Verwaltungsgerichtshof. Der Inhalt des Gemeingebrauchs ist in Österreich nicht mehr durch das Herkommen, sondern durch neue Gesetze bestimmt (Wassergesetze, Straßengesetze, Polizeiordnungen); er ist namentlich bei Straßen auf den Verkehrszweck beschränkt. Gewisse weitergehende Befugnisse, welche den Eigentümern der an städtischen Straßen liegenden Gebäuden an der Straße und ihrem Luftraum zustehen, beruhen in Österreich nicht auf dem Gemeingebrauch, sondern auf einem besonderen, in den städtischen Bauordnungen geregelten Verhältnis (s. Art. „Anliegerechte" in ÖSt. Wb).

Der Gemeingebrauch besteht teils kraft Gesetzes (s. bes. Wasserrecht), teils kraft behördlicher Widmung von Grundstücken, über welche die betreffende Behörde das privatrechtliche Verfügungsrecht hat. Er kann jedoch gegenüber dem privaten Eigentum auch durch außerordentliche Ersitzung nach § 1477 aBGb. entstehen; er entsteht auch hier als ein verwaltungsrechtliches Verhältnis (Slg. N. F. 861), und nicht etwa als eine privatrechtliche Servitut zugunsten der Gemeinde oder Korporation, welcher der Weg als Behörde untersteht (was die Praxis vielfach unrichtig annimmt. Slg. N. F. 1165, 1232).

Da die dem Gemeingebrauch dienenden Grundstücke mit den Nachbargrundstücken und fremden Interessen in vielfältigen, engen Beziehungen stehen, kommt es zu Konflikten, bei denen es fraglich ist, ob sie nach Verwaltungsrecht im Verwaltungswege oder nach Privatrecht im Zivilprozeß zu entscheiden sind. Hierüber fehlt es in Österreich an den notwendigen speziellen Normen, weshalb eine ergänzende Reform des Zivilrechtes jedenfalls folgende Punkte klarzustellen hat.

An Sachen öffentlicher Korporationen, die im Gemeingebrauch stehen, können Privatrechte, welche den Gemeingebrauch beeinträchtigen, nicht entstehen: so wird wenigstens in der Theorie vielfach behauptet (Randa Eigentum I, § 3, Demelius Sachenrecht S. 16); doch fehlt darüber eine klare Bestimmung und die Praxis entscheidet in entgegengesetztem Sinne (Slg. 15977, N. F. 1605). Fraglich ist ferner, ob der Gemeingebrauch an privaten Grundstücken im Grundbuch einzutragen ist und welche Wirkung dieser Eintragung (z. B. gegenüber § 1500 aBGb.) zukommt. Endlich ist es fraglich, ob die Wegebehörde die Übung des Gemeingebrauchs auch schützen kann durch Besitzklagen gegen private Eingriffe; und ob anderseits eine behördliche Verfügung zum Schutze des Gemeingebrauchs von dem privaten Gegner als Besitzstörung bekämpft werden kann; die Praxis ist in diesen Fragen leider völlig unsicher und unklar (s. dazu Art. Gemeingebrauch im ÖSt. Wb.).

§ 16. Die Bewertung der Sachen.

I. In verschiedenen Rechtsgebieten kann sich die Notwendigkeit ergeben, den Wert einer Sache im Vergleich zu anderen Gütern festzustellen, also nach allgemeiner Regel in einer Summe der gesetzlichen Währung auszudrücken (§ 304); so für die Bemessung von Gebühren, für die Expropriation, für die Schadenshöhe im Strafrecht und Privatrecht. Vor allem ist zu betonen, daß die Sachschätzung stets eine Rechtsfrage zu beantworten hat, daß sie ein behördlicher Akt ist, der nach Rechtsregeln erfolgt und bestimmte Rechtswirkungen hat. Die Praxis übersieht leicht die rechtliche Natur der Sachschätzung, indem sie oft von der unrichtigen Ansicht ausgeht, als ob der Wert eine objektive Eigenschaft der Sache sei, die einfach für alle Fälle durch Sachverständige zu konstatieren wäre.

Die Regeln der Sachschätzung sind im abGb. nur unvollkommen angedeutet in der Form von Definitionen verschiedener Bedeutungen von Wert (§§ 305, 306).

II. Wenn von Schätzung einer Sache die Rede ist, so wird stets das dauernde Haben der Sache, wie es dem Eigentum entspricht, gemeint oder vorausgesetzt; sonst spricht man von Bewertung von anderen Rechten an der Sache. Das dauernde Haben der Sache kann das Interesse des Besitzers in folgenden Punkten berühren: a) durch Verkauf der Sache läßt sich jederzeit eine Geldsumme erlangen (Verkaufswert); b) die Sache liefert einen regelmäßigen Ertrag (Ertragswert); c) es wird der Anschaffungspreis für eine gleichartige Sache erspart (Ankaufswert); d) durch Verwendung der Sache läßt sich ein weiterer Gewinn erzielen oder auch ein Verlust (z. B. Konventionalstrafe) abwenden (Vermögensinteresse); e) das Behalten der Sache gewährt eine Gefühlsbefriedigung oder vermeidet wenigstens eine Gefühlsverletzung (Affektionsinteresse).

Bei der Sachschätzung muß zunächst immer festgestellt werden, welcher dieser Punkte zu berücksichtigen ist, was in den einzelnen Fällen sehr verschieden sein kann. Außerdem können dann noch besondere Rechtsnormen zu beachten sein.

III. Wann das Interesse nach d) und e) zu bemessen ist, darüber s. unten § 33. Zu den anderen Punkten ist noch folgendes zu bemerken:

a) Der Verkaufswert wird bestimmt, wenn es sich um eine vorhandene Sache handelt, deren künftiger Verkauf in Frage kommt, wie bei Pfandbestellung (§ 458, und Sicherheitsleistung (§ 1374). Der Verkaufswert ist zu ersetzen, wenn jemand eine Sache freiwillig in fremdem Interesse verwendet hat (§§ 1014, 1041).

b) Nach dem regelmäßigen Ertrag wird geschätzt bei der Erbteilung, welche einen Bauernhof betrifft (s. Ges. v. 1. April 1889 Nr. 52, § 7 und LGes. für Tirol v. 12. Juni 1900 Nr. 47, LGB.), wobei erwartet wird, einen geringeren als den Verkaufswert zu ermitteln. Auch bei Steuerbemessungen und zur Vorbereitung des exekutiven Verkaufes kann von dem Ertrage von Grundstücken ausgegangen werden (s. ED. § 141).

c) Der Ankaufswert bildet den Gegenstand des Ersatzes für den Verlust einer Sache, wenn die Sache versichert war (s. bes. Ehrenberg „Versicherungswert" S. 389 in Ztschr. f. Versicherungswiss. VI.), sowie wenn sie dem Eigentümer widerrechtlich entzogen wurde, da ihm das Haben der Sache, nicht nur die Verkaufsmöglichkeit zu ersetzen ist. Hier ist jedoch von dem Ankaufspreis einer neuen gleichartigen Sache ein Abzug zu machen, wenn die entzogene Sache in ihrer Gebrauchsfähigkeit bereits wesentlich gemindert war. Auch der vertragsmäßige Anspruch auf Lieferung einer Sache führt mindestens bei Nichterfüllung zur Leistung des Ankaufspreises (arg. ED. §§ 346, 353).

Das angeführte gilt für das gewöhnliche Verhältnis, wonach der Ankaufspreis regelmäßig höher ist als der Verkaufspreis (z. B. Börsenkurse); der Umstand, daß der Berechtigte als Produzent oder Händler die Sache für sich unter dem Verkaufspreis verschaffen könnte, muß außerdem je nach der Lage des Falles beachtet werden (vgl. dazu Krainz I S. 249).

Wie in den übrigen Fällen die Sache zu schätzen ist, muß den speziellen Lehren überlassen bleiben, z. B. bei Teilung des Miteigentums, beim Finderlohn, bei Gewährleistung und Verletzung über die Hälfte, Zahlung einer Nichtschuld, bei unerfüllbaren Legaten (§§ 654, 662) usw.

IV. Das Gesetz spricht auch von „unschätzbaren" Sachen, als von solchen, „deren Wert durch keine Vergleichung mit anderen zum Verkehr bestimmt werden kann" (§ 303). Es wird damit auf die Erscheinung hingewiesen, daß manche körperliche Sachen, die zwar Rechtsobjekte sind, doch keinen Verkaufswert haben, oder ihn rechtlich nicht haben sollen, weil das Gesetz ihre entgeltliche Veräußerung mißbilligt (z. B. Reliquien s. Krainz I, § 87 Nr. 4). Praktische Bedeutung erlangt diese Erscheinung nur insofern, als bei den unschätzbaren Rechtsobjekten der Rechtsschutz erschwert erscheint, indem die Ersatzfunktion der Geldzahlung entfällt. Von einem Anschaffungswert kann aber auch hier die Rede sein, indem die Neubeschaffung von Legitimationspapieren, Urkunden usw. möglich ist, aber Mühe und Kosten verursacht, die dann zu ersetzen sind. Im gleichen Sinne können auch nichtkörperliche Güter und Leistungen als unschätzbar bezeichnet werden, die doch den Inhalt von Ansprüchen bilden können, z. B. Verpflichtung zur Führung eines Namens, Anspruch des Verfassers auf Aufführung seines Werkes usw.

Rechtsverhältnisse.

§ 17. Begriff und Arten.

I. Die Regeln des Privatrechtes erscheinen nicht in befehlender Form, sondern werden dargestellt durch Rechtsbegriffe, namentlich durch die Begriffe der Rechtsverhältnisse oder subjektiven Rechte, der Ansprüche und Klagen. Das abGb. spricht von subjektiven Rechten, doch ohne die Begrenzung des Begriffes und die Unterscheidung der einzelnen Arten genau durchzuführen. Wir begnügen uns damit, von Rechtsverhältnissen zu sprechen, da bei diesem Ausdrucke ohnedies eine schärfere Abgrenzung nicht üblich ist.

Jedes Rechtsverhältnis ist charakterisiert durch die beteiligten Subjekte, durch seinen Inhalt und durch seinen Schutz, muß daher nach diesen drei Richtungen betrachtet werden. Dabei bezeichnen wir als Inhalt des Rechtsverhältnisses den normalen, vom Gesetze (Grundnorm) gewollten Zustand, an dessen Verletzung der rechtliche Schutz anknüpft, indem zunächst die auf einer weiteren Gesetzesbestimmung (Hilfsnorm) beruhenden Ansprüche, und weiter zur Realisierung der Ansprüche die Klagen als Schutzmittel gewährt werden.

II. Unter dem Schlagworte Rechtsverhältnis stellen wir nur jene allgemeinen Erscheinungen und Erwägungen zusammen, welche die rechtlichen Wirkungen betreffen, während von den tatsächlichen Verhältnissen (Tatbestand), an welche die Rechtswirkungen geknüpft sind, erst später die Rede sein soll.

Die Rechtswirkungen werden auch als Schicksale der Rechtsverhältnisse bezeichnet, als Entstehung, Aufhebung, Änderung, Übertragung derselben. Eine genaue Abgrenzung dieser Ausdrücke ist im Gesetze nicht versucht und auch für die Theorie nicht notwendig; so kann dahingestellt bleiben, ob man von Entstehung eines Rechtsverhältnisses sprechen will, wenn der Entstehungsakt mangelhaft war, wenn also eine relative Ungültigkeit vorliegt, oder von Aufhebung, wenn für eine Partei die Möglichkeit der Anfechtung und Aufhebung eines Rechtsaktes gegeben ist. Überhaupt ist die Trennung der tatsächlichen und rechtlichen Seite nicht durchwegs praktisch aufrechtzuerhalten, wir sprechen von der Frage der Ungültigkeit der Rechtsakte im Zusammenhang mit dem Tatbestande und schließen auch die Wirkungen des Zeitablaufes an die Erörterung desselben an.

III. Unter den Schicksalen der Rechtsverhältnisse ist hier hervorzuheben die Universalsukzession, die im Erbfalle eintritt und die von den übrigen Fällen der Sukzession wesentlich verschieden ist. Die Universalsukzession überträgt auf den Erben die ganze Rechtsstellung des Erblassers soweit sie überhaupt von dem ursprünglichen Subjekte trennbar ist (s. dazu unten § 19). Es wird hier auch übertragen, was als einzelnes

Objekt nicht zu übertragen ist (z. B. Sachen unter Veräußerungsverbot, Reliquien, nicht=
zessible Forderungen). Es werden ferner die Schulden übertragen (außer dem Falle der
Absonderung § 812), und es wird der gesamte Übergang durch einen einheitlichen Vorgang
bewirkt, ohne daß für denselben die Erfordernisse des Einzelerwerbs notwendig wären, die
jedoch nach Bedarf später ergänzt werden (z. B. Intabulation). Die charakteristischen
Grundsätze der Singularsukzession als Verkehrsgeschäft sind bei der Universalsukzession aus=
geschlossen; so ist namentlich der Erbfall kein Ersitzungstitel und gewährt nur insofern eine
Begünstigung, als auf Grund eines erblasserischen Titels der Erbe kraft eigener bona fides
die Ersitzung beginnen kann (§ 1463). Um so weniger gewährt hier der redliche Erwerb
als solcher dem Erben das Eigentum, wenn auch die dafür bei der Singularsukzession
aufgestellten sonstigen Bedingungen vorliegen würden.

Von der Universalsukzession ist zu unterscheiden die Wirkung der Konkurseröffnung,
die zwar dem Kridatar die Verfügung über sein ganzes Vermögen entzieht, und diese Ver=
fügung auf andere Personen überträgt, die jedoch nur als eine Art von gesetzlicher Stell=
vertretung des Kridatars anzusehen ist. Jedenfalls fehlen auch der Konkurseröffnung die
speziellen Wirkungen der Singularsukzession.

Auch die gerichtliche Exekution führt nur zu einer Disposition über die bisherige
Rechtsstellung des Schuldners, ist also ebenfalls von jeder Art der Sukzession zu unter=
scheiden. Die gerichtliche Exekution hat daher prinzipiell nicht die Wirkungen geschäftlicher
Singularsukzession; doch ist diese selbstverständliche Konsequenz allgemeiner Grundsätze nicht
in allen Punkten anerkannt (s. unten § 18 IV).

IV. „Vermögen" wird genannt die Gesamtheit der an ein bestimmtes Rechts=
subjekt geknüpften Rechtsverhältnisse, mit Ausschluß jener, welche mit dem Subjekte un=
trennbar verbunden sind, wie die persönlichen Familienbeziehungen und gewisse Individual=
rechte (Urheberrecht vor der Veröffentlichung, § 14 Ges. v. 25. Dez. 1895 Nr. 197).
Das Vermögen kann rechtliche Schicksale haben wie ein einzelnes Rechtsverhältnis; der
Berechtigte kann darüber disponieren, allerdings nur mit einigen gesetzlichen Einschränkungen
(z. B. §§ 944, 1177, 1278). Kraft Gesetzes kann über das Vermögen durch andere dis=
poniert werden im Falle des Konkurses. Das Vermögen unterliegt endlich besonderen
Rechtsnormen im Falle des Todes des Rechtssubjektes.

Ausnahmsweise werden aus der Gesamtheit der einem Rechtssubjekte zugehörenden
rechtlichen Beziehungen einzelne Gruppen ausgeschieden und als eine eigene Einheit be=
sonderen Rechtsregeln unterstellt, „Sondervermögen". So bestehen eigene Vermögensmassen
mit gesondertem Aktiv= und Passivstand für den Inhaber eines Familienfideikommisses
(Allodialvermögen, Fideikommißvermögen, ÖSt. Wb. Art. Fideikommisse), für den Ge=
sellschafter einer offenen Handelsgesellschaft (s. oben S. 22 V).

V. Arten der Rechtsverhältnisse. Unter den nach verschiedenen Gesichts=
punkten möglichen Einteilungen der Rechtsverhältnisse ist zunächst zu erwähnen, die dem
System des Gesetzes in der Hauptsache zugrunde liegende Einteilung nach den Lebens=
verhältnissen. Darnach ergeben sich vier Gruppen: die persönlichen Beziehungen der Familien=
verhältnisse; die wirtschaftlichen Beziehungen von Personen zu Sachen, sowie von Personen
zu anderen Personen; endlich die Schicksale des Vermögens bei Tod des Subjektes. Diese
Einteilung ist für die systematische Interpretation von Wichtigkeit, da die gesetzliche Tendenz
in diesen vier Rechtsgebieten verschieden sein kann, wenn auch manche rechtliche Erscheinungen
eine formelle Ähnlichkeit aufweisen, wie z. B. Obligationen auch im Familienrecht (Alimen=
tation, Dotationspflicht usw.) und im Erbrecht (Legate) vorkommen.

Unter den Rechtsverhältnissen sind ferner zu unterscheiden absolute und relative.
Wir nennen relativ jene Rechtsverhältnisse, deren Rechtsregel sich von vornherein an ein
bestimmtes Subjekt gebietend oder verbietend wendet; Anspruch und Klage wiederholt hier
in der Hauptsache den Befehl der grundlegenden Rechtsregel, wie namentlich bei allen Ge=
schäftsobligationen. Absolute Rechtsverhältnisse sind dagegen jene, bei welchen die
grundlegende Rechtsregel zu denken ist als ein allgemeines Verbot; hier besteht dann der
Rechtsschutz in Gewährung von Ansprüchen und Klagen gegen jeden, der das allgemeine
Verbot verletzt. Die Ansprüche und Klagen können hier nach Umfang und Wirkung sehr

verschieden sein und müssen neben der Grundnorm noch besonders normiert werden. Absolut sind: das Verhältnis der persönlichen Integrität und manche Familienverhältnisse, das Verhältnis des Erben, das Eigentum und die übrigen Sachenrechte, sowie der Besitz, ferner Patentrecht, Autorrecht, Markenrecht.

Ein praktischer Unterschied der relativen und absoluten Rechtsverhältnisse besteht darin, daß bei der Klage aus einem relativen Verhältnis nur dessen Entstehung nachzuweisen ist, während es Sache des Verpflichteten bleibt, seinerseits die Erfüllung der aus dem relativen Verhältnis hervorgehenden Verpflichtungen darzutun. Bei absoluten Verhältnissen aber muß von seiten des Klägers nicht nur das Bestehen des Verhältnisses, sondern auch die Verletzung desselben durch den Geklagten erwiesen werden. Indirekt erscheint auch als Unterschied, daß das relative Recht nur von dem Verpflichteten selbst verletzt werden kann; das absolute dagegen kann von verschiedenen Personen verletzt, daher auch gegen verschiedene geltend gemacht werden.

Man pflegt auch dingliche und persönliche Rechte oder Rechtsverhältnisse zu unterscheiden; je nachdem aus einem Verhältnis eine dingliche oder eine persönliche Klage hervorgeht. Diese Unterscheidung, die von großer praktischer Bedeutung ist, bedarf nachstehend besonderer Erörterung.

§ 18. Dingliche Rechte, dingliche Klagen.

I. Unter den absoluten Rechtsverhältnissen sind einige dadurch ausgezeichnet, daß zu ihrem Schutze eine „dingliche Klage" gewährt ist, man nennt sie deshalb auch dingliche Rechte. Nach österreichischem Rechte sind dingliche Klagen bei allen sachenrechtlichen Verhältnissen gewährt, soweit es sich um die Beziehung des Berechtigten zur Sache selbst handelt. Bei Grundstücken kommt noch hinzu, daß das Sachenrecht im Grundbuch eingetragen sein kann und soll, daß daher auch Klagen auf Herstellung des richtigen Buchstandes nötig sind; wieweit diese als dinglich anzusehen sind, ist im folgenden zu untersuchen (s. unten IV). Ob über das Sachenrecht hinaus dingliche Klagen vorkommen, ist fraglich und muß ebenfalls erst aus dem Begriffe der dinglichen Klage festgestellt werden.

Das Vorbild der dinglichen Klagen (in rem) hat die römische Eigentumsklage gegeben, die sich gegen jeden richtet, der die fremde Sache hat und herausgeben kann ohne Rücksicht darauf, wie er die Sache erhalten hat. Die dingliche Klage ist also in der Person des Geklagten begründet durch einen im Momente der Klageerhebung vorliegenden objektiv rechtswidrigen Zustand, besonders das Haben der fremden Sache. Dadurch unterscheidet sie sich sowohl von den persönlichen Klagen, die dem Schutze relativer Rechte dienen, wie von jenen auch als persönliche bezeichneten Klagen, die dem Schutze absoluter Rechtsverhältnisse dienen, die aber durch eine einmalige in der Vergangenheit liegende Verletzung des Rechtsverhältnisses begründet sind, wie Diebstahlsklagen, Klagen wegen Störung oder Entziehung des Besitzes.

Die charakteristische Bestimmung der Passivlegitimation gibt den dinglichen Klagen auch ihre praktische Bedeutung; denn der rechtswidrige Zustand kann bei verschiedenen Personen eintreten und von einer Person auf die andere wirtschaftlich übergehen, ohne daß dadurch die Möglichkeit der Rechtsverfolgung beeinträchtigt würde. Nicht nur die ursprüngliche Rechtsverletzung, die erste Herstellung des rechtswidrigen Zustandes, z. B. die dem Eigentümer gegenüber begangene Besitzentziehung, begründet die Klage, sondern auch weitere Vorgänge, die zwischen dritten Personen vielleicht subjektiv einwandfrei sich abspielen, wenn sie nur objektiv den rechtswidrigen Zustand des Habens der fremden Sache herbeiführen. Der dingliche Schutz ist also dauerhafter und wirksamer als der persönliche.

Allerdings ist der dingliche Schutz der Sachenrechte im modernen Recht praktisch teilweise eingeschränkt, indem die dingliche Klage meist abgewehrt werden kann durch den Nachweis, daß der rechtswidrige Zustand im Wege des redlichen Verkehrs entstanden ist. Trotzdem hat der dingliche Schutz noch in folgenden Punkten seine praktische Bedeutung behalten: a) die dingliche Klage hat vollen Erfolg gegen die Konkursmasse des Verpflichteten. b) Sie begründet einen Einspruch des Eigentümers gegen die von einem

Gläubiger des Besitzers auf die Sache geführte Exekution; denn was dinglich abgefordert werden kann, wird nicht in das Vermögen des Verpflichteten eingerechnet. c) Die Kenntnis von dem bestehenden dinglichen Anspruch oder von dem ihm zugrunde liegenden Sachenrecht schließt den guten Glauben eines Singularnachfolgers des früheren Geklagten oder Verpflichteten aus, während Kenntnis bloß persönlicher Pflichten des Vormannes nicht den redlichen Erwerb im Sinne des Sachenrechtes hindert. Da endlich die Klage gegen jeden Besitzer eine eigene Klage ist, würde für sie jedesmal eine neue Verjährungszeit beginnen; diese Konsequenz wird jedoch ausdrücklich in § 1493 ausgeschlossen (ebenso D. BGB. § 221).

II. Nach dem Gesagten kann über das Sachenrecht hinaus von dinglichen Klagen nicht leicht die Rede sein. Allerdings bezeichnet § 1095 abGb. als „dingliches Recht" das obligatorische Verhältnis des Mieters eines Grundstückes, wenn der Mietvertrag mit dem Eigentümer geschlossen und mit dessen Zustimmung verbüchert wurde. Diese Bezeichnung ist jedoch nicht angemessen, denn das Mietrecht erhält hier allerdings die Ausdehnung, daß jeder spätere Eigentümer des Grundstückes dasselbe anerkennen, beziehungsweise in das Mietverhältnis eintreten muß; aber im übrigen bleibt für die juristische Behandlung und Beurteilung doch nur ein relatives, obligatorisches Rechtsverhältnis und eine persönliche Klage bestehen. Ebenso steht es bei dem Vorkaufsrechte (§ 1073) und Wiederkaufsrechte (§ 1070). Auch die Erbschaftsklage ist keine dingliche, sie beruht ausschließlich auf dem Erwerbe der Erbschaft als solcher; der Geklagte wird nicht durch das Haben von Erbschaftssachen, sondern durch den einmaligen Vorgang des Erwerbs als Erbschaft (§ 532) bezeichnet. Sie gewährt auch kein Separationsrecht im Konkurs.

Das absolute Verhältnis des **Patentrechtes**, das gegen jeden auch unwissentlichen Eingriff geschützt ist, gewährt einen Anspruch gegen jeden, der patentwidrig hergestellte Gegenstände betriebsmäßig benützt oder feilhält (§ 95 des Ges. v. 11. Jan. 1897, Nr. 30); hier könnte man allerdings von dinglichem Anspruch oder dinglicher Klage sprechen, die auch der Konkursmasse gegenüber durchgreift, soweit sie die patentwidrigen Objekte (zit. Ges. §§ 100, 101) betrifft. Da jedoch diese Richtung der Klage nicht die wichtigste ist, so pflegt man das Patentrecht nicht unter die dinglichen Rechte zu zählen. Ähnliches gilt vom Autorrecht nach § 61 und § 56 des Ges. v. 26. Dez. 1895, Nr. 197. Über das „Jagdrecht" s. Krainz § 203, Nr. 10. —

Was das komplizierte Verhältnis der „Reallasten" betrifft, so sind sie jedenfalls nur relativ, auf die Verpflichtung einer bestimmten Person gerichtet, wenn auch die Person des Verpflichteten der jeweilige Besitzer eines Grundstücks ist. Aber neben die persönliche Pflicht tritt regelmäßig eine pfandartige Haftung des Grundstücks selbst, die sogar die wirtschaftliche Basis des Verhältnisses bildet. Nach der praktisch wichtigsten Seite ihres Schutzes sind also die Reallasten den Pfandverhältnissen an die Seite zu stellen.

III. Im Grundbuchsrecht erhalten die dinglichen Ansprüche oder Klagen ein weiteres Anwendungsgebiet. Die dem Grundbuchsrecht eigentümlichen Klagen (Tabularklagen) sind ihrem Wesen nach Feststellungsklagen, die die Beseitigung einer rechtlichen Unsicherheit und der diese Sicherheit veranlassenden Tatsache des materiell-ungerechtfertigten Buchstandes bezwecken; als Feststellungsklagen sind sie unverjährbar. Sie sind sachenrechtliche, da die Aktivlegitimation des Klägers stets ein Sachenrecht (außer dem verbücherten Mietvertrag) ist, dem kraft gesetzlicher Regel der Buchstand entsprechen soll. Sie sind dingliche, da der Prozeßgegner durch die Tatsache des Buchstandes gegeben ist.

Welche Grundbuchsklagen sachenrechtlich sind, ist nicht unbestritten. Es ist dabei zu beachten, daß das österreichische Recht nicht von der formellen Rechtskraft der Bucheinträge ausgeht (wie etwa das D. BGB.), daß es vielmehr Differenzen zwischen Buchstand und Sachenrecht kennt, die durch sachenrechtliche Klagen zu beseitigen sind. Allerdings ist die sachenrechtliche Verfolgung beschränkt und nur in folgenden Fällen möglich: a) Gegen den direkten Gegner, welcher selbst den unrichtigen Buchstand erlangt hat, sowie gegen seine Universalsukzessoren, gegen seine Konkursmasse und seine exekutiven Gläubiger, die nur seine eigenen Rechte auszuüben berufen sind. b) Ferner gegen jene Singularsukzessoren des ersten Erwerbers, die den Buchstand nicht in gutem Glauben, also z. B. in Kenntnis seiner

Unrichtigkeit erlangt haben. c) Auch gegen jene Singularsukzessoren, deren Erwerb ein unentgeltlicher war, doch ist dieser Punkt bestritten (s. Krainz I § 220, N. 22). d) Endlich gegen den redlichen Erwerber innerhalb gewisser zeitlicher Grenzen, welche das Grundbuchs= gesetz (§§ 63, 64) aufstellt; nämlich innerhalb von 60 Tagen, wenn von der ungerecht= fertigten Veränderung des Buchstandes der Betroffene verständigt wurde, oder innerhalb von drei Jahren, wenn die vorgeschriebene Verständigung des Betroffenen unterblieben ist.

In dem eben erwähnten Umfange sind nun Tabularklagen möglich, wenn der Buch= stand den sachenrechtlichen Verhältnissen widerstreitet; in welchem Umfange ein solcher Widerstreit entstehen kann, ergibt sich aus nachstehenden Erwägungen:

1. Der rechtsgeschäftliche Erwerb von Sachenrechten an verbücherten Grundstücken hat regelmäßig die Verbücherung des zu erwerbenden Rechtes zur notwendigen Voraus= setzung; hierher gehört auch der Erwerb durch Legat. Wer ein Sachenrecht auf Grund eines Rechtsgeschäftes erwerben soll, hat nur einen obligatorischen Anspruch auf Gestattung des Neueintrages seines Rechtes; dieser Anspruch ist zweifellos kein sachenrechtlicher und kein dinglicher. Die Kenntnis dieses Anspruches schließt die sachenrechtliche Redlichkeit nicht aus und eine Anmerkung der Einklagung dieses Anspruchs wäre praktisch bedeutungslos, ist daher unzulässig (s. Spr. Rep. Nr. 16).

2. Sachenrechte an verbücherten Grundstücken können außerbücherlich erworben werden durch Erbfolge, durch Ersitzung, durch Enteignung, durch redliche Verbauung (§ 418), durch Exekutionsführung. Wer in solcher Weise außerbücherlich ein Sachen= recht erworben hat, hat den Anspruch auf Herstellung des seinem Rechte entsprechenden Buchstandes und zur Durchführung dieses Anspruches eine sachenrechtliche Klage. Die Kenntnis der erwähnten außerbücherlichen Akte schließt in bezug auf die davon betroffenen Grundstücke oder Rechte die Redlichkeit aus, ebenso die Kenntnis der erhobenen auf Änderung des Buchstandes gerichteten Klage; eine solche Klage kann daher im Grundbuch angemerkt werden, damit eben die Redlichkeit jedes bücherlichen Nachfolgers bis zur Durchführung der Klage ausgeschlossen sei.

3. Die Verbücherung von Sachenrechten kann ungültig sein, sowohl wegen formeller Mängel (Fehler bei der Eintragung), als auch wegen materieller Gebrechen. Materiell ungültig ist namentlich auch jener Eintrag, der auf einem materiell ungültigen Geschäfte (z. B. Zession einer Hypothek durch einen Handlungsunfähigen) beruht, da der Erwerb von bücherlichen Rechten stets einen gültigen Rechtsgrund erfordert. Unrichtige Eintragungen, die durch Fehler des Verfahrens veranlaßt sind, können auch außerstreitig durch Beschwerde bekämpft werden. In allen Fällen aber kann derjenige, der durch den ungültigen Eintrag verletzt ist, dessen Buchstand also ohne den unrichtigen Eintrag noch bestände oder uneingeschränkt wäre, die Beseitigung des ungültigen Eintrags durch eine Klage bewirken, welche auf seinem eingetragenen Rechte, also einem Sachenrechte beruht und welche inhaltlich der negatorischen Eigentumsklage nahesteht. Dieser Fall der negatorischen Tabularklage ist im Grundbuchsgesetz als „Löschungsklage" bezeichnet und eingehend normiert (§§ 61—68) und bildet das Muster für die übrigen Tabularklagen.

4. Gültig eingetragene Sachenrechte können auch außerbücherlich erlöschen. Dies ist gesetzlich anerkannt für zeitlich beschränkte Rechte (§§ 1443, 529 abGb., § 34 aGrbG.), für Rechte, die auf dem zeitlich beschränkten Recht des Bestellers beruhen (§§ 527, 468 abGb.), allgemein für das Erlöschen durch Verjährung (§ 1499 abGb., § 69 aGrbG.). Für Hypotheken ist in § 1443 abGb. das Erlöschen derselben bei Tilgung der Pfand= schuld durch Kompensation ausdrücklich als möglich vorgesehen, aus dieser Bestimmung kann entsprechend auf eine gleiche Wirkung anderer Fälle der Tilgung der Pfandschuld ge= schlossen werden. Das außerbücherliche Erlöschen des eingetragenen Rechtes macht nun den Buchstand materiell ungerechtfertigt und begründet daher eine sachenrechtliche Klage auf Löschung. Der sachenrechtliche Charakter zeigt sich darin, daß die Klage jedenfalls auch gegen die Konkursmasse durchgreift; daß ferner die Kenntnis von dem Löschungsanspruch oder von der ihn begründenden Tatsache den redlichen Erwerb des erloschenen bücherlichen Rechtes ausschließt; sowie daß die Löschungsklage bücherlich angemerkt werden kann (§ 69 GrB.G.). Da endlich das außerbücherlich erloschene Recht sich zweifellos nicht mehr im

Vermögen des Berechtigten befindet, kann es auch nicht Gegenstand einer einzelnen Exekution sein. Doch ist diese letzte Konsequenz in der Praxis des obersten Gerichtshofes früher nicht konsequent anerkannt worden; gegenwärtig, da als Gegenstand der Exekution in § 320 EO. nur die Pfandforderung genannt ist, die durch die außerbücherliche Erfüllung zweifellos erloschen ist, nicht aber das Pfandrecht, dessen Fortbestand etwa in Frage steht, so gelangte auch in der Praxis die richtige Anschauung zur Geltung (Slg. N. F. 2255, 1277, 1175, 1081, 742; dagegen Spr. rep. 143, Slg. N. F. 887).

§ 19. Subjektive Beziehungen.

I. In bezug auf die subjektiven Beziehungen ist zunächst der Unterschied zu erwähnen, ob ein Rechtsverhältnis, das für eine bestimmte Person entstanden ist, von dieser Person abgelöst werden und auf eine andere Person übergehen kann oder nicht. Die Rechtsverhältnisse, die mit dem ursprünglichen Subjekte untrennbar verbunden sind, nennt man **höchstpersönliche**. Dazu gehören regelmäßig die Verhältnisse des Familienrechts; dann im Vermögensrecht jene, deren Inhalt durch die Person des Berechtigten oder des Verpflichteten bestimmt wird, wie Alimentationsansprüche (§§ 955, 1242, 1255, 1285), Personalservituten (§ 529), Pflichten zu persönlichen Leistungen (§§ 1162, 1022, 1206); endlich aus legislativen Rücksichten einige komplizierte Verhältnisse, wie Vorvertrag (§ 936), Wieder- und Vorkaufsrecht (§§ 1070, 1074). Auch der Anspruch auf Schmerzensgeld und persönliche Genugtuung (§§ 1325, 1326, 1329) steht seinem gesetzlichen Zweck nach nur dem Verletzten selbst zu; er ist aber nach § 1337 auch passiv unübertragbar und kann nur gegen den Täter, nicht gegen dessen Erben geltend gemacht werden.

II. Weiters ist die Erscheinung zu erwähnen, daß an einem Rechtsverhältnis in der Rolle des Berechtigten oder des Verpflichteten auch mehrere Personen gemeinsam beteiligt sein können. In diesem Falle spricht man von **teilbaren** Rechtsverhältnissen. Die Teilbarkeit ist zwar die Regel, doch ist die Stellung der Teilberechtigten im Vergleich zu der Stellung des Alleinberechtigten nicht immer gleich. Es ist daher von geringer Bedeutung, zu behaupten, daß ein Rechtsverhältnis teilbar oder unteilbar sei; es kommt vielmehr ganz darauf an, in welchem Sinne und Umfange in den einzelnen Fällen etwa von Unteilbarkeit gesprochen werden kann. Die schwierigen Ausführungen über diese Frage sind den einzelnen Lehren zu überlassen. Das Gesetz regelt eingehend die Stellung von Miteigentümern (§§ 828 f.) und von Mitgläubigern (§§ 888—890) und erklärt Prädialservituten im gewissen Sinne für unteilbar (§ 485). Über eine gemeinsame Beteiligung an Rechtsverhältnissen ohne Teilung (z. B. Korrealität) ist auch auf die speziellen Lehren zu verweisen.

III. Bei manchen Rechtsverhältnissen wird die Person des Subjektes durch einen außerhalb des Rechtsverhältnisses liegenden Umstand bestimmt. So namentlich durch die Beteiligung an einem anderen Rechtsverhältnis, durch den Besitz einer Sache (Inhaberpapiere). Solche Rechtsverhältnisse, die man allgemein als **gebundene** oder als **Zustandsrechte** bezeichnen kann (Krainz I, § 49), zeigen keine erwähnenswerten gemeinsamen Erscheinungen. Unter denselben sind jedoch jene Fälle hervorzuheben, in welchen mit dem Eigentum oder Besitz eines Grundstückes entweder eine Berechtigung oder aber eine Verpflichtung verbunden ist; diese Fälle werden als **Realrechte** und **Reallasten** bezeichnet.

Als Musterfall der Realrechte erscheinen die Grunddienstbarkeiten; sie stehen mit dem herrschenden Grundstücke in **unlöslicher Verbindung**, können nur für dasselbe errichtet, nur mit demselben erworben werden. Sie werden grundbücherlich in dem Gutsbestandsblatt des herrschenden Grundstücks von Amts wegen ersichtlich gemacht, ohne daß dieser Vorgang für ihre juristische Existenz oder Wirksamkeit von Bedeutung wäre; von juristischer Bedeutung ist vielmehr nur ihre Eintragung im Lastenblatte des dienenden Grundstückes.

Sonstige Fälle von Realrechten sind: a) Wasserrechte an öffentlichen Flüssen, b) Fischereirechte an öffentlichen Flüssen, c) radizierte Gewerbe, d) Patronatsrechte, e) Entschädigungsrechte für abgelöste grundherrliche Befugnisse usw. Auch diese Rechte können zwar im Gutsbestandsblatt des herrschenden Grundstücks ersichtlich gemacht werden, sind jedoch durchgehends öffentlichrechtlicher Natur, daher in ihrer Existenz von der bücherlichen Behandlung vollständig unabhängig. Ob sie mit dem herrschenden Grundstücke **untrennbar vereinigt sind**, hängt von der Natur des einzelnen Falles ab; regelmäßig wird allerdings *der Wille des Berechtigten allein nicht genügen*, um einer derartigen Berechtigung eine selbständige Existenz zu sichern, würde es vielmehr zu einer Trennung von dem berechtigten Grundstücke eines vollständigen neuen Begründungsaktes (namentlich behördlicher Zustimmung) bedürfen.

Endlich ergibt sich die Frage, ob derartige Realrechte in untrennbarer Vereinigung mit Grundstücken willkürlich neu begründet werden können. Diese Frage ist zu verneinen, da im österreichischen Recht eine derartige Selbstbeschränkung des Berechtigten, wie sie in der dauernden Untrennbarkeit zweier Rechtsverhältnisse liegt, nicht vorgesehen und anerkannt ist. Es kommen allerdings Fälle vor, in welchen Miteigentum an Grundstücken als Realrecht anderer Grundstücke bücherlich eingetragen ist und diese Fälle könnten den Anschein erwecken, als wenn eine derartige Verteilung des Miteigentums beliebig begründet werden könnte. Doch sind diese in der Praxis vorkommenden Erscheinungen lediglich historische Fälle altüberlieferter Gemeinberechtigungen, die nur bei der Anlegung der Grundbücher in unangemessener juristischer Form modernisiert wurden, was seither zu den größten juristischen Schwierigkeiten bei denselben geführt hat (s. Krainz § 49 N. 9, § 81 N. 19). Ob in diesen Verhältnissen das Miteigentum trennbar ist oder nicht, kann nur aus der Entstehung desselben durch Umdeutung der heutigen Rechtsform entschieden werden; die Regeln des Miteigentums sind auf diese „unorganisierten agrarischen Gemeinschaften" nicht unbedingt anzuwenden (s. Schiff, Agrarrecht S. 48 f.).

V. Die juristische Möglichkeit von Reallasten ist in der österreichischen Gesetzgebung ausdrücklich anerkannt (§§ 12, 19 GrbGes.; §§ 928, 1469, 1480 abGb.). Von den Servituten und Hypotheken unterscheidet sich die Reallast formell dadurch, daß sie eine **Leistung** des Eigentümers des dienenden Grundstückes zum Inhalt hat. Diese formelle Eigentümlichkeit vereinigt aber die Reallasten noch nicht zu einem einheitlichen Institut; sie sind sehr verschiedener wirtschaftlicher Natur und mangels eingehender gesetzlicher Bestimmungen ist die Entscheidung über die einzelnen juristischen Fragen gerade nach der wirtschaftlichen Natur der Reallasten verschieden zu treffen.

Ob neben den historisch überlieferten Reallasten auch heute Reallasten beliebigen Inhaltes neu begründet werden können, ist fraglich. Die alten Formen, welche wirtschaftliche Gebundenheit eines Grundstückes dauernd bewirkten, sind ausdrücklich als unzulässig erklärt worden (vgl. Schiff, Agrarrecht S. 19 f.).

Aber auch neue Reallasten können im Privatrecht nicht anerkannt werden, soweit sie denselben gesetzlich mißbilligten Erfolg, nämlich die dauernde Bindung der Wirtschaftsweise eines Grundstückes herbeiführen müßten. Öffentlichrechtliche Beschränkungen dieser Art sind jedoch vielfach gesetzlich anerkannt und können durch Eintragung im Grundbuch auch privatrechtlich wirksam werden (Pfersche, Sachenrecht S. 38 N. 7). Als Reallast kann auch verbüchert werden die nach §§ 831, 832 gültige Pflicht eines Miteigentümers, die Aufhebung des Miteigentums zeitweilig zu unterlassen (vgl. dazu D. BGB. §§ 1010, 749).

Dagegen kann die Verpflichtung zu vertretbaren und ablösbaren Leistungen (Rentrechte) allerdings als Reallast auch heute noch auferlegt werden. Die Frage, in welcher Weise sich bei diesen Rentrechten die persönliche Verpflichtung des Inhabers der belasteten Sache und die Haftung der Sache selbst zueinander verhalten, ist nicht allgemein für alle Fälle, sondern nur nach der Natur des einzelnen Falles zu entscheiden.

Eine praktisch wichtige Erscheinung ist das „Ausgedinge", welches seinem Inhalt nach teilweise als Wohnungsrecht, teilweise als Reallast erscheinen kann (s. Krainz I § 388).

§ 20. Inhalt der Rechtsverhältnisse.

I. Den Inhalt der privaten Rechtsverhältnisse bilden allgemein Befugnisse, die dem Berechtigten im eigenen Interesse gewährt sind; daher ist die Ausübung derselben seiner Willkür überlassen. In manchen Fällen jedoch, wo auch andere Interessen an dem Verhältnis beteiligt sind, wird die Nichtausübung des Rechtes mit nachteiligen Folgen bedroht. So kann das Erziehungsrecht des Vaters und die Stellung des Vormundes wegen Nichtausübung aufgehoben werden. Ferner wird aus öffentlichen Rücksichten gefordert, daß verliehene Patentrechte, Bergwerksrechte, Wasserrechte auch ausgeübt werden, widrigens sie erlöschen oder entzogen werden können. Allgemein tritt eine Einschränkung des Rechtsschutzes ein im Falle der Verjährung, wo die Nichtgeltendmachung des Rechtsverhältnisses den Schluß auf mangelndes Interesse veranlaßt (s. dazu unten § 38).

Manche Befugnisse sind an weitere Bedingungen geknüpft, wie Realgewerberechte, das Jagdrecht des Grundeigentümers, das Patronat usw. Wenn diese Bedingungen in der Person des Berechtigten zeitweilig nicht vorhanden sind, so kann das Recht gegenwärtig nicht ausgeübt werden, es „ruht", ohne zu verjähren.

Wenn die Ausübung eines Rechtes innerhalb der Grenzen der Rechtsordnung einem anderen Schaden zufügt, so ist der Berechtigte dafür nicht verantwortlich (§ 1305). Eine allgemeine Beschränkung dieser Regel — wie sie z. B. in dem Chikaneverbot des D. BGB. (§ 226) liegt — ist im abGb. nicht enthalten.

Die Ausübung der Rechte kann regelmäßig auch durch Stellvertreter erfolgen; auch derart, daß dem Stellvertreter die Ausübung zu eigenem Interesse überlassen wird (z. B. Verpachtung). Die Ausübungshandlungen des Vertreters genügen zur Erhaltung des Rechtes; die Verpachtung an sich ist aber noch nicht die Ausübung des Rechtes, wenn der Pächter untätig bleibt.

II. Mehrere Rechtsverhältnisse können inhaltlich auf denselben praktischen Erfolg gerichtet sein, so daß die Ausübung oder Realisierung des einen die anderen gegenstandslos macht, z. B. mehrere Versicherungsverträge auf Ersatz desselben Schadens. In der gleichen Beziehung können auch mehrere Ansprüche oder Klagen stehen, z. B. Klage aus dem Depositum und Eigentumsklage. Man nennt solche Verhältnisse und Klagen konkurrierend. Zu beachten ist, daß nicht die Erhebung der Klage oder das siegreiche Urteil, sondern erst die wirkliche Erfüllung des einen die übrigen Ansprüche ausschließt.

Mehrere Rechtsverhältnisse können ferner so gestaltet sein, daß die Ausübung des einen der Ausübung des anderen beschränkend oder hindernd entgegentritt; man spricht hier von Kollision. Die wichtigsten Kollisionsfälle sind rechtlich vorausgesehen und durch spezielle Normen geordnet, z. B. mehrere Pfandrechte an derselben Sache, Nutzungsrecht des Servitutberechtigten und des Eigentümers (§ 502). Im Zweifel entscheidet das Zuvorkommen in der Ausübung oder Geltendmachung, während gleichzeitig geltend gemachte kollidierende Rechte verhältnismäßig nebeneinander wirksam werden. In dem wichtigen Falle, daß das Vermögen des Verpflichteten nicht ausreicht zur Deckung aller vorhandenen Verpflichtungen, wird aber die verhältnismäßige Befriedigung gegenüber dem Zufalle des zeitlichen Zuvorkommens durch verschiedene Normen begünstigt, namentlich durch die Regel über den Konkurs, und die Anfechtung der Handlungen zahlungsunfähiger Schuldner und im Erbfalle durch §§ 813—815 abGb.

III. Zum Inhalt des Rechtsverhältnisses gehört regelmäßig auch die Befugnis, darüber zu disponieren, also seine Rechtsstellung aufzugeben oder auf ein anderes Subjekt zu übertragen. Doch gibt es auch Rechte, welche unübertragbar (s. oben § 19 I) oder unverzichtbar sind, wie das Erziehungsrecht des Vaters, der familienrechtliche Alimentationsanspruch (§§ 141, 154). Hierher gehören auch §§ 803, 1371, 1501 abGb.; UrhebGes. §§ 16, 20; Ges. v. 16. Dez. 1906 Nr. 1 ex 1907, § 79.

Die gesetzlich zulässige Disposition über ein Recht kann von den Beteiligten ausgeschlossen oder eingeschränkt werden; so kann z. B. bei Begründung einer ihrer Natur nach zessiblen Forderung die Zession derselben ausgeschlossen werden. Solche freiwillige Dispositionsbeschränkungen werden jedoch vom Privatrecht nicht unbedingt anerkannt, da sie zu störenden Hindernissen der wirtschaftlichen Entwicklung werden können; sie sind regelmäßig nur soweit anerkannt, als der Dispositionsbeschränkung des einen ein vernünftiges dauerndes Interesse eines anderen entspricht (s. besonders über „Veräußerungsverbote" an Sachen, Krainz I § 201).

§ 21. Schutz der Rechtsverhältnisse.

I. Selbstschutz. Eigenmächtiges Handeln, das an sich rechtlich indifferent ist, wird dadurch nicht unerlaubt, daß es behufs Durchsetzung eines Privatrechtes angewendet wird. Fraglich ist nur, wie weit an sich unerlaubte Handlungen dann erlaubt oder doch straflos werden, wenn sie zum Zwecke des Schutzes von Privatrechten vorkommen.

Die Verteidigung gegen einen rechtswidrigen Angriff ist allgemein und unbedingt gestattet, auch wenn sie nicht unerläßlich war und der staatliche Schutz nicht unerreichbar war, soweit sie sich nur innerhalb vernünftiger Grenzen ("angemessene Gewalt", § 344) gehalten hat. Dies ist in bezug auf den Besitz in § 344 ausdrücklich hervorgehoben, nur mit einer ungenauen Einschränkung, die durch ungenügende Unterscheidung der Selbsthilfe und Selbstverteidigung veranlaßt ist (s. Pfersche, Sachenrecht S. 92 f.).

Umsomehr ist im Notfalle (Bedrohung durch ein Tier) die Abwehr rechtswidrigen Angriffes nicht verboten; auch nicht die Abwehr zu Gunsten eines anderen nach den kriminellen Regeln über Notwehr und nach § 19 abGb. Die Verteidigung und die Abwehr eines widerrechtlichen Angriffes macht nicht ersatzpflichtig.

Im Notfalle ist aber auch die angriffsweise Sicherung oder Durchsetzung eines Rechtes gestattet (§ 19), wenn die richterliche Hilfe zu spät käme. Eine genauere Begrenzung des zulässigen Notangriffs, wie sie im D. BGB. §§ 229, 230 gegeben ist, wäre sehr angezeigt. Für die eigenmächtige Pfändung sind einzelne besondere Bestimmungen gegeben; so ist nach § 1321 der Eigentümer eines Grundstückes nicht berechtigt, eingedrungenes fremdes Vieh zu töten, sondern darf es nur in unschädlicher Weise verjagen, eventuell pfänden. Nach dem Forstgesetze (§ 65) aber können zum Schutze des Waldes Ziegen, Schafe, Schweine und Federvieh, wenn die Pfändung nicht möglich ist, getötet werden. Ferner dürfen im Interesse der Jagd die im Jagdgebiet frei herumstreifenden Hunde und Katzen vom Jagdberechtigten und seinen Organen getötet werden.

Für den Notstand fehlt eine allgemeine Bestimmung. Das Wassergesetz (§ 9) erwähnt, daß in Notfällen das Landen und Bergen von Schiff und Ladung auf fremden Ufergrundstücken gestattet ist, aber ersatzpflichtig macht. Aus allgemeinen Erwägungen ist die gleiche Entscheidung für alle Handlungen in unverschuldetem Notstand anzuwenden. (Vgl. auch § 1043; Krainz § 138, N. 44c.)

II. Rechtsschutz. Der staatliche Rechtsschutz besteht normalerweise in der Möglichkeit, das Eingreifen der richterlichen Behörden im Wege der Klage oder in einzelnen Fällen im Wege des außerstreitigen Verfahrens (wie vielfach in Familienverhältnissen, §§ 163, 142 usw.; s. Krainz § 147) anzurufen. Inwiefern von einem Rechtsschutz auch die Rede sein kann über die Klage hinaus, oder dort wo eine Klage nicht gewährt ist, darüber s. unter V.

Es ist zulässig, daß die Parteien ein vermögensrechtliches Rechtsverhältnis von vornherein der richterlichen Entscheidung entziehen und einer nichtbehördlichen, schiedsrichterlichen Entscheidung unterstellen (§ 1391 abGb., § 577 F. ZPO.). Diese Vereinbarung, die nur unter besonderen Voraussetzungen (s. ZPO. §§ 577 f.) gültig ist, ändert einen Teil des Verfahrens, aber nicht das Wesen des Rechtsschutzes; ein gültiger Schiedsspruch ist exequierbar wie ein staatliches Urteil (ZPO. § 595). Wenn dagegen bei Begründung eines Rechtsverhältnisses auf die Geltendmachung des Rechtsschutzes von vornherein verzichtet würde, so würde darin ein Widerspruch liegen; man müßte entweder die Begründung eines Rechtsverhältnisses überhaupt mangels eines ernstlichen Verpflichtungswillens als ausgeschlossen ansehen oder aber den Verzicht auf den Rechtsweg als einen widersprechenden Nebenpunkt in dem ernstlichen Rechtsgeschäft nicht beachten (vgl. auch §§ 904, 937).

Die Klage ist begründet, wenn das Rechtsverhältnis verletzt, wenn die grundlegende Rechtsregel nicht erfüllt ist; wir sprechen in diesem Falle von Entstehung eines Anspruches. Wann und in welchem Umfange ein Anspruch entsteht, ist in den einzelnen Lehren des Zivilrechtes speziell zu erörtern.

Der Rechtsschutz fällt selbstverständlich weg, wenn das Rechtsverhältnis selbst (z. B. durch Erfüllung) aufgehoben ist. Es kann aber auch vorkommen, daß die Klage allein wegfällt, ohne daß das Rechtsverhältnis als solches aufgehoben erscheint. So wird bei dinglichen Klagen, die gegen den jeweiligen Besitzer gehen, der bereits begründete Anspruch aufgehoben, wenn vor Erhebung der Klage der bisherige Besitz verloren geht, während freilich gleichzeitig ein Anspruch gegen jene Person entsteht, welche von nun an den Besitz erlangt. Den Hauptfall dieser Erscheinung bildet die Klagenverjährung, die freilich praktisch dem Rechtsverluste sehr nahesteht, die auch in der Darstellung des Gesetzes unter die Fälle des Rechtsverlustes gestellt ist.

III. **Wirkung des Prozesses.** Nach abGb. bewirkt die **Erhebung der Klage** die Unterbrechung der Verjährung (s. unten) und Ersitzung (§ 1477); den Weiterlauf der bis zum Kapitalsbetrage aufgelaufenen unbehobenen Zinsen (§ 1335); die Vererblichkeit höchstpersönlicher Ansprüche, nämlich des Anspruchs auf Schmerzensgeld und Genugtuung, der Rechte aus gewissen Nebenverträgen des Kaufes (§§ 1070, 1071, 1074), sowie der Befugnis zur Geltendmachung der Ungültigkeit einer Ehe nach §§ 94—96.

Die **Zustellung der eingebrachten Klage** an den Geklagten hat folgende materielle Wirkungen: a) Ein redlicher Besitzer wird von nun an ebenso behandelt wie ein unredlicher (§ 338), b) jeder Schuldner haftet von nun an in erweiterter Weise, so als wäre er in Verzug (§ 1334), c) jeder Geklagte hat von nun an aus eigenem Rechtsgrunde Zinsen wie im Falle des Verzuges zu entrichten, die auch Zinseszinsen umfassen (Ges. v. 14. Juni 1868, Nr. 62, § 3); d) endlich tritt auch bei alternativen oder kollidierenden Rechten die Entscheidung über die Person des Berechtigten oder des Verpflichteten ein.

IV. **Wirkung der Entscheidung.** Der das zivilrechtliche Verfahren abschließende Akt, das rechtskräftige Urteil (Bescheid, Beschluß) hat an sich keine rechtsverändernde Bedeutung. Das Urteil hat regelmäßig nur die Aufgabe, vorhandene Rechtsverhältnisse oder Ansprüche festzustellen; die Ausnahmsfälle, wo dem Richter die schiedliche Neuordnung von Rechtsverhältnissen übertragen ist (Teilungsklagen, Notweg usw.), sind den speziellen Lehren vorbehalten. Auch die Erwägung, daß das Urteil gelegentlich sachlich unrichtig sein, daher statt vorhandene Beziehungen festzustellen, solche abändern könnte, gibt zu allgemeinen Erwägungen keinen Anlaß.

Das Prozeßrecht bestimmt, daß eine Wiederholung eines erledigten Rechtsstreites unzulässig ist, indem es dem Urteilsspruch (ZPO. § 417) „Rechtskraft" beilegt, soweit er über einen geltend gemachten Anspruch oder ein streitig gewordenes Recht oder Rechtsverhältnis entscheidet; nur die Entscheidung über eine kompensationsweise geltend gemachte Gegenforderung wird nicht vollständig rechtskräftig, sondern nur bis zu dem Betrage, der aufgerechnet werden soll (ZPO. § 411). Aber die Identität des erledigten und eines beabsichtigten neuen Prozesses muß nach den materiellrechtlichen Fragen und besonders nach den subjektiven Beziehungen der Prozeßparteien beurteilt werden. Hier können namentlich jene Fälle fraglich werden, in welchen durch die Gestaltung des einen Rechtsverhältnisses indirekt andere Rechtsverhältnisse bedingt oder beeinflußt werden, wie das Pfandrecht durch das Eigentum an der Pfandsache, das Verwandtenerbrecht durch die Gültigkeit einer Ehe oder durch die Ehelichkeit eines Kindes des Erblassers. Im allgemeinen ist zu sagen, daß die Prozeßführung gerade wegen der Rechtskraft des Urteils eine so wichtige Disposition über das Rechtsverhältnis bedeutet, daß der Prozeß des einen die Rechte der andern an derselben Rechtsfrage interessierten Personen nicht schmälern darf. Jedoch gibt es von dieser Regel Ausnahmen, wonach die Rechtskraft eines Urteils auch über die beteiligten Prozeßparteien hinaus allgemeiner wirkt; von diesen Ausnahmen ist jedoch erst in den einzelnen Lehren zu sprechen.

V. **Geminderter Rechtsschutz?** Einige tatsächliche Verhältnisse, welche nicht den Schutz eines klagbaren Anspruchs genießen, haben doch einzelne Rechtsfolgen, die den indirekten Folgen klagbarer Obligationen teilweise ähnlich sind, weshalb man hier auch von „Naturalobligationen" spricht. Es fragt sich nun, ob die hier in Betracht kommenden Normen noch unter den Begriff und die Tendenz des Rechtsschutzes fallen, ob also in den Fällen der sog. Naturalobligationen ein geminderter oder indirekter Rechtsschutz anzuwenden ist? Die Frage muß **verneint** werden, denn in der einzigen entscheidenden Norm des § 1432 deutet nichts darauf hin, daß das Gesetz die Erfüllung nichtklagbarer Verhältnisse etwa zu fördern beabsichtige. Nach § 1432 soll die irrtümliche Erfüllung einer verjährten, einer wegen Formmangel ungültigen (cf. § 943) oder einer bloß als unklagbar erklärten (cf. §§ 1271, 1272) Forderung nicht zurückgefordert werden; in dieser Bestimmung liegt sowohl nach historischer wie nach sachlicher Betrachtung gar nichts anderes, als eine aus Billigkeit verfügte Einschränkung der ebenfalls nur als Billigkeitsmaßregel betrachteten condictio indebiti (s. Frankl, Formerfordernis der Schenkung, 1883, S. 159 f.). Als Konsequenz unserer Auffassung ergibt sich, daß die Norm von § 1432 zwar auf andere Vorgänge zu erweitern ist, welche, wie die Erfüllung die sofortige materielle Befriedigung des Gläubigers bewirken (z. B. Hingabe an Zahlungsstatt, freiwillige vertragsmäßige Kompensation); daß sie aber für weitergehende Wirkungen der Naturalobligationen kein Argument gewährt. Daher kann in den Fällen des § 1432 der klaglose Anspruch auch nicht durch Novation, Erfüllungsversprechen, Pfandbestellung und Verbürgung klagbar werden, weder von vornherein, noch nachträglich (falsch bes. Hasenöhrl S. 35 f.; s. Krainz= § 319).

Tatbestände.

§ 22. Übersicht.

Die Schicksale der Rechtsverhältnisse sind geknüpft an tatsächliche Voraussetzungen, die zum Teil unter allgemeinen Regeln stehen oder nach gleichen Rücksichten zu beurteilen sind; so namentlich die eine wichtigste Gruppe, die menschlichen Handlungen. Von sonstigen Umständen, die als rechtliche Tatbestände in Betracht kommen, wie Geburt und Tod, Veränderung oder Zerstörung einer Sache und Ähnliches, bedarf allgemeiner Betrachtung nur der Zeitablauf, dessen Bemessung im Zusammenhange mit seinen Wirkungen dargestellt wird.

Was die menschlichen Handlungen betrifft, so beginnen wir mit den allgemeinen Regeln über die rechtmäßigen Handlungen der Parteien, über private Rechtshandlungen oder Rechtsgeschäfte, denen die Betrachtung ihrer normalen oder anormalen Wirkungen vorauszustellen ist. Die behördlichen Akte, die die Rechtsverhältnisse beeinflussen können, als Prozeßeinleitung Urteil, Exekution, Verbücherung, Enteignung usw. werden nach ihren Voraussetzungen in anderem Zusammenhange erörtert. Nach den rechtmäßigen sind sodann die rechtswidrigen Handlungen im Zusammenhange mit ihrer Wirkung, dem Schadenersatz gesondert zu besprechen.

Die Rechtsgeschäfte.

§ 23. Gültigkeit und Ungültigkeit der Rechtsgeschäfte.

I. Gültig heißt ein Rechtsgeschäft dann, wenn es vom Recht anerkannt, wenn also der von den Parteien gewünschte Erfolg als rechtliche Pflicht oder als Rechtsänderung erklärt wird. Das gültige Geschäft hat den von den Parteien gewünschten Erfolg jedenfalls in der Hauptsache, aber nicht immer im vollen Umfange; es kann der Sinn des Geschäftes durch objektive Interpretation geändert, durch dispositive Gesetzesregel ergänzt werden, ohne daß dabei der Begriff der Gültigkeit versagt. Welchen Bedingungen oder Erfordernissen das Rechtsgeschäft entsprechen muß, um gültig zu sein, wird im folgenden allgemein erörtert.

Ungültig heißt ein Rechtsgeschäft, wenn es den gesetzlichen Erfordernissen nicht entspricht, wenn daher der äußere geschäftliche Vorgang die parteimäßig gewünschte Wirkung nicht als rechtliche Folge hervorbringt. Mit dieser Negation ist jedoch die Frage nicht ganz zu erledigen; denn der geschäftliche Vorgang kann doch äußerlich den Anschein eines gültigen Geschäftes haben, und es können sich damit wichtige wirtschaftliche Veränderungen verbinden, so daß die Fragen entstehen, wie die Ungültigkeit konstatiert, wie die ungerechtfertigten Änderungen wieder beseitigt werden.

Die Antwort auf diese Fragen läßt das abGb. teilweise vermissen; es hat weder eine feste Terminologie, nach welcher die Fälle der Ungültigkeit zu unterscheiden wären (wie etwa im D. BGB.), noch spricht es sich in anderer Weise deutlich aus (s. dazu Schiffner, System § 132 Nr. 5). Die notwendige Antwort ist also auf Grund der Andeutungen des Gesetzes durch allgemeine Erwägungen zu suchen. Dabei sind die beiden Punkte zu trennen, die Geltendmachung der Ungültigkeit in bezug auf das Geschäft selbst und die etwaigen Rechtsfolgen über das Geschäft hinaus, wie Rückforderung der gemachten Leistung, Schadenersatz usw.

II. Neben den ungültigen Rechtsgeschäften gibt es noch viele andere, die einen praktischen Erfolg nicht hervorbringen, die aber von den ungültigen Rechtsgeschäften zu unterscheiden sind. So ist nicht ungültig aber kraft des Willens der Parteien wirkungslos ein bedingtes Rechtsgeschäft bei Nichteintritt der Bedingung; ist ferner nicht ungültig die Eigentumsübertragung, bei welcher nichts fehlt, als das Eigentumsrecht des Übertragenden.

In manchen Fällen wird ein an sich gültiges Rechtsgeschäft durch ein späteres Ereignis aufgehoben oder erwächst für eine Partei die Befugnis, die rechtliche Wirkung des Geschäftes nachträglich wieder rückgängig zu machen; man spricht in diesen Fällen wohl von einer nachfolgenden Ungültigkeit oder von einer Anfechtung des Rechtsgeschäftes. Jedenfalls aber sind diese Fälle von der anfänglichen Ungültigkeit wesentlich verschieden.

In manchen Fällen liegt ein geschäftliches Auftreten überhaupt nicht vor, sondern nur der Anschein eines solchen, z. B. Urkunde mit gefälschter Unterschrift; oder es liegt ein Mangel äußerer gesetzlicher Erfordernisse vor, welcher von vornherein den Anschein des beabsichtigten Rechtsgeschäftes ausschließt, z. B. ein Zeugentestament mit nur zwei Zeugen, ein Wechsel ohne das Wort Wechsel. Hier ist der äußere Vorgang selbstverständlich juristisch bedeutungslos und hat keinerlei Konsequenzen, ist daher nicht mehr unter den Begriff der Ungültigkeit zu subsummieren, bei welchem wenigstens die äußere Erscheinung eines Rechtsgeschäftes vorausgesetzt wird.

III. Die Ungültigkeit der Rechtsgeschäfte unterscheiden wir in eine absolute und in eine relative. Erstere liegt vor, wenn das Rechtsgeschäft an sich gesetzlich mißbilligt ist, so daß der Richter von Amtswegen die Ungültigkeit beachten muß. Hierher gehören verbotene Rechtsgeschäfte, unsittliche Verträge, kurz jene Fälle, in welchen die Gültigkeit auf Grund eines öffentlichen Interesses ausgeschlossen wird. Die absolute Ungültigkeit kann von jeder der beteiligten Parteien und von jedem Dritten geltend gemacht werden; davon tritt nur dann eine Ausnahme ein, wenn die absolute Ungültigkeit nicht als unmittelbare statuiert wird, sondern wenn sie einer offiziellen Konstatierung bedarf, wie das bei der Ehe der Fall ist. Die aus öffentlichen Rücksichten ungültige Ehe wird solange als gültig behandelt, als ihre Ungültigkeit nicht durch einen gerichtlichen Ausspruch festgestellt ist; dieser gerichtliche Ausspruch ist durch ein behördliches Einschreiten von Amtswegen oder auf Anzeige von privaten Personen zu veranlassen. Aber erst wenn die Ungültigkeit der Ehe von Amtswegen festgestellt ist, steht es den Beteiligten und dritten Personen frei, sich auf die Ungültigkeit der Ehe zu berufen.

Was die Rückforderung der etwa gemachten Leistung oder den Ersatz des etwa eingetretenen Schadens bei einem absolut ungültigen Rechtsgeschäfte betrifft, so gelten hier zunächst die allgemeinen Regeln über Schadenersatz; in einzelnen Fällen ist die Rückforderung der gemachten Leistung durch besondere Vorschriften untersagt (§ 1174).

IV. Die Ungültigkeit ist in den übrigen Fällen nur im Interesse einer Partei statuiert, so daß nur diese Partei die Ungültigkeit geltend machen kann. Man spricht hier von relativer oder bedingter Ungültigkeit, da ihre Geltendmachung von dem Willensakte des Verletzten abhängig ist. Die relative Ungültigkeit ist mit Ausnahme der Ehe durchgehends eine unmittelbare. Die Anfechtung des Geschäftes kann der Berechtigte bei beliebigem Anlaß und in beliebiger Form vornehmen. Es steht allerdings dem Anfechtungsberechtigten frei, durch eine besondere Klage, Feststellungsklage, die gerichtliche Konstatierung der Ungültigkeit des Rechtsgeschäftes zu verlangen; er wird dazu je nach der Lage des Falles insofern genötigt, als die Geltendmachung der Ungültigkeit in § 1487 an eine Frist von drei Jahren vom Vertragsschluß an (s. Prot. II S. 278) geknüpft ist.

Mit der Verjährung des Anfechtungsrechtes entfällt natürlich auch die Möglichkeit, einredeweise die Ungültigkeit geltend zu machen (Slg. 1268).

V. Ist die Ungültigkeit geltend gemacht, so entfällt vor allem die normale Rechtswirkung des Geschäftes rückwirkend so, als wenn es gar nicht geschlossen wäre. Sie braucht nur teilweise zu entfallen, wenn der Anlaß der Ungültigkeit nicht das ganze Geschäft betrifft, wie teilweise Unmöglichkeit (§ 882), Irrtum in Nebenpunkten (§ 872), und wenn kein notwendiger Zusammenhang zwischen den gültigen und den ungültigen Teilen besteht. Bei zweiseitig verpflichtenden Geschäften hat das teilweise Entfallen der einen Leistung auch eine angemessene Minderung der Gegenleistung zur Folge, die in § 872 bezeichnet wird als „die angemessene Vergütung" für die irrende Partei (s. Pfersche, Irrtumslehre S. 141 f.)

Neben dem Wegfall der normalen Wirkung kann der Abschluß des ungültigen Geschäftes noch Anlaß geben zu Ansprüchen auf Rückgabe der aus dem ungültigen Geschäft gemachten Leistung, sowie auf Ersatz eines weiteren etwa eingetretenen Schadens. Die Rückgabe des geleisteten, die in §§ 877, 878 erwähnt ist, muß aus allgemeinen Erwägungen in allen Fällen eintreten, soweit sie nicht ausdrücklich ausgeschlossen ist, wie nach §§ 1174, 1432. Die Einzelheiten dieses Rückforderungsanspruchs sind so zu beurteilen, wie bei der Gewährleistung (s. Pfersche Irrtumslehre S. 151 f.)

Für den aus dem Abschluß des ungültigen Geschäftes entstandenen Schaden haftet jedenfalls derjenige der dolos gehandelt hat nach §§ 865, 874, 878. Daß auch derjenige haftet, der das ungültige Geschäft durch Verschulden (culpa in contrahendo) veranlaßt hat, ist zwar im Gesetz nicht direkt ausgesprochen, aber doch in § 878 angedeutet und aus den allgemeinen Normen des Schadenersatzes (§§ 1295, 1297) zu entnehmen; die abweichende Ansicht (Krainz § 398 Nr. 12) wäre nur begründet, wenn man das Verhalten der Parteien beim Kontrahieren als Raterteilen nach § 1300 auffassen wollte, was wohl unzulässig ist (Pfersche, Irrtumslehre, S. 176 f. und unten § 35).

§ 24. Begriff und Erscheinung des Rechtsgeschäftes.

I. Der Begriff des Rechtsgeschäftes wird von manchen nicht erstreckt auf Handlungen, welche unmittelbar nur einen wirtschaftlichen Erfolg bezwecken, wie Separation von Früchten und anderen Sachteilen, Spezifikation, Verbindung und Bauführung, Okkupation besitzfreier Sachen. Soweit jedoch bei diesen Akten die Willensrichtung des Handelnden entscheidend ist, sind sie ebenso wie Rechtsgeschäfte zu beurteilen.

Ebenso ist die Zugehörigkeit zu den Rechtsgeschäften fraglich bei manchen rechtlich relevanten Mitteilungen, wie Denuntiation von der Zession, Anzeige des Mangels der Sache seitens des Verkäufers, Bekanntgabe des Schadens nach Rückgabe der Mietsache, Anzeige des versicherten Schadens (§ 1290), Notifikation bei Assignation (§ 1405). Auf diese Anzeigen können die Regeln über Rechtsgeschäfte natürlich nur teilweise angewendet werden; im übrigen sind die dabei auftauchenden Fragen auch ohne gesetzliche Bestimmung leicht zu entscheiden.

Das Rechtsgeschäft besteht entweder bloß aus dem Ausdrucke des Willens (Erklärung) oder es muß noch ein anderer Vorgang hinzukommen, wie die Übertragung des Gewahrsams beim Faustpfand, das Aufgeben der Detention bei der Dereliktion.

Die Rechtsgeschäfte sind einseitig oder zweiseitig (Verträge), jenachdem die Willenserklärung einer Partei genügt, oder die Willenserklärung der Gegenpartei hinzukommen muß. Bei einseitigen Rechtsgeschäften genügt nicht immer die irgendwie abgegebene Erklärung der Partei, sondern es bedarf vielfach — abgesehen von Form oder äußerer Betätigung — der Abgabe an die interessierte Gegenpartei (empfangbare Erklärung). Allerdings spricht das österreichische Gesetz dies nicht aus, es ist aber als natürliches Kennzeichen einer ernstlichen Willenserklärung vielfach zu fordern, z. B. Verzicht an den Gegner, Offerte an einen bestimmten Adressaten oder unbestimmt durch Veröffentlichung, (s. v. Mayr, Auslobung S. 145). Das Nähere hierüber ist bei den einzelnen Fragen auszuführen, z. B. über Erbantretung und Ausschlagung usw.

II. **Äußere Erscheinung des Rechtsgeschäftes.** Das geschäftliche Auftreten, welches rechtliche Wirkungen hervorbringen soll, besteht meistens in der Äußerung des geschäftlichen Willens (Willenserklärung), also in einer Handlung, die nur zu diesem Zwecke geschieht. Doch genügt es in manchen Fällen auch, daß aus einem sonstigen Verhalten die geschäftliche Absicht entnommen werden kann (Okkupation, Dereliktion). Der letztere Vorgang wird als stillschweigende Willenserklärung in üblicher Weise bezeichnet, und in § 863 für obligatorische Verträge als genügend erklärt, und ist auch sonst als genügend anzusehen, soweit nicht das Gegenteil gesetzlich normiert ist.

Wann eine stillschweigende Willenserklärung vorliegt, ist nach den Umständen durch richterliches Ermessen zu bestimmen; in manchen Fällen ist es durch eine gesetzliche Vermutung anerkannt (Unger II, § 85 N. 16). Das Gesetz knüpft auch manchmal in Form einer Vermutung des Einverständnisses (§§ 467, 1114, 1238, 1378, 1407) an gewisse Vorgänge Rechtsfolgen, welche über die stillschweigende Parteierklärung hinausgehen.

Das geschäftliche Verhalten ohne Worte wird nach objektiver Interpretation gedeutet (s. unten) und kann nach dieser Deutung eine rechtliche Wirkung veranlassen, die mit der subjektiven Auffassung des Handelnden nicht übereinstimmt, so daß dann der Ausdruck „stillschweigende Willenserklärung" nicht ganz zutreffend erscheint. Die Konkludenz einer Handlung kann durch eine Erklärung des Handelnden ausgeschlossen werden, wird auch ausgeschlossen durch den Irrtum des Handelnden. Auch das negative Verhalten, Schweigen, kann konkludent sein, doch ist in dieser Beziehung mit Vorsicht zu interpretieren (s. Sammlung 11101 über Vollmachtsvertrag).

III. Das Erfordernis der Erklärung, d. h. einer Handlung, die bloß Absichtsäußerung ist, betrifft stets die wörtliche Erklärung. Es liegt vor bei allen formellen Erklärungen wie Ehe, Notariatsakte, letztwillige Verfügungen (doch ist bei letzteren ausgenommen die Aufhebung des Testamentes durch Zerstörung und die Aufhebung von Legaten). Es liegt ferner vor bei der Adoption und beim Erbvertrage. Ob eine Erklärung genügend vorliegt, fließt in Zweifelsfällen leicht mit der Auslegung zusammen, ist aber doch davon zu unterscheiden. Nach § 571 soll es eine genügende „Erklärung" sein, wenn die bedachte Person oder die vermachte Summe nur unrichtig benannt oder beschrieben wurde; auch ein Zahlzeichen, das größer oder kleiner ist als das beabsichtigte, gilt also als genügende Erklärung der Absicht des Testators. Doch ist jedenfalls zu fordern, daß der Erblasser wenigstens einen Versuch der Bezeichnung gemacht, und zwar mit den Mitteln der Sprache in ihrer allgemeinen Bedeutung gemacht hat (Unger II § 89 N. 27).

Das Erfordernis der Erklärung ist nicht überall dort anzunehmen, wo das Gesetz den Ausdruck „ausdrücklich" gebraucht, der vielfach nur eine erweisliche Absicht des Handelnden bedeuten soll. (Pfaff clausula de reb. sic. st. S. 107).

IV. Bei Schriftstücken gilt nach allgemeiner Lebensauffassung der Inhalt des Textes als schriftliche Erklärung dessen, der denselben mit seinem Namen unterschrieben hat. Auch Unterschreiben einer ungelesenen Urkunde bedeutet daher eine Erklärung ihres Inhaltes; doch ist diese Erklärung eine anormale und kann von dem Unterschreibenden angefochten werden, wenn der Inhalt seiner Erwartung oder Absicht nicht entsprach (z. B. Hausordnung, Arbeitsordnung usw. Krainz I S. 285). Die erwähnte übliche Auffassung, die nicht etwa eine gesetzliche Formvorschrift darstellt, hat in § 294 ZPO. ausdrückliche Anerkennung gefunden. Sie findet eine Ergänzung durch die gesetzliche Norm, daß Handzeichen nur dann einer Unterschrift gleichwirken sollen, wenn sie von zwei Zeugen § 886 oder gerichtlich oder notariell bestätigt worden sind (§ 294 ZPO.), sowie daß hebräische Namensunterschriften nur einem Handzeichen gleichzuachten sind. (Hb. v. 19. II. 1846 Z. 938).

Zur Vollendung einer allographen Erklärung ist die Unterschrift des Erklärenden nötig. Der von dem Erklärenden eigenhändig geschriebene Text jedoch kann auch ohne Unterschrift als Erklärung gelten; doch wird die Unterschrift zum Beweise der Vollendung und Ernstlichkeit des Willens erwünscht sein.

Eine nicht eigenhändige Unterschrift (Stampiglie, Maschine) hat nur bedingt die Wirkung der eigenhändigen Unterschrift, erfordert jedenfalls noch den Beweis der Echtheit der Erklärung. Ist die Echtheit einer Unterschrift bestritten, so muß sie bewiesen werden; eine Bestreitung der Echtheit einer Unterschrift durch Gegenbeweis ist zulässig, auch trotz der Regeln des § 294 ZPO.

§ 25. Vertrag.

I. Vertrag, das Zusammentreffen zweier übereinstimmender Willenserklärungen bedarf in verschiedener Hinsicht rechtlicher Abgrenzung, die im Gesetze für obligatorische Verträge aufgestellt ist, aber auch auf andere Verträge (Tradition, Pfandbestellung) in angemessener Weise zu übertragen ist. Auszugehen ist von dem einfachsten Falle, daß von einer Partei eine dem Inhalte des beabsichtigten Vertrages genügend deutlich enthaltende Aufforderung zum Vertragsschlusse (Antrag, Offerte), — im allgemeinen Versprechen genannt — vorausgeht, welche von der anderen Partei durch einfache Bejahung — Annahme, Akzeptation — angenommen werden kann.

Ein „mündliches Versprechen" muß „ohne Verzug" angenommen werden (§ 862); gleiches gilt für telephonische und für die dem anwesenden Tauben vorgelegte schriftliche Erklärung. Erfolgt die Annahme nicht sogleich, so ist der Offerent nicht mehr gebunden, und der Vertrag kommt durch eine spätere Annahme nicht ohne weiteres zustande. Der Offerent kann jedoch seinem mündlichen Antrage eine längere Dauer verleihen und bleibt dann für die von ihm einseitig gewählte Zeit gebunden (s. das folgende).

Eine schriftlich (telegraphisch) an einen Abwesenden gerichtete Offerte ist gesetzlich mit einer Wartefrist verbunden und führt zu einem bindenden Vertrage, wenn die Annahme innerhalb der gesetzlichen Wartefrist an den Offerenten zurückgelangt. Der Ausdruck „Überlegungsfrist" in § 918 ist nur zufällig bei der Redaktion gewählt worden und für die Auslegung der Dauer der Frist nicht maßgebend (vgl. dazu § 1290; Hasenöhrl I § 49 Nr. 54).

Die Wartefrist beträgt 24 Stunden seit der Absendung der Offerte, wenn sich der Adressat in demselben Orte befindet; befindet er sich in größerer Entfernung, so dauert die Frist so lange als „zur zweimaligen Beantwortung nötig ist" (§ 862), wobei damals an den zweiten Posttag gedacht war, nach den heutigen Verkehrsverhältnissen aber „Absendung am zweiten Geschäftstag" zu denken ist. Der Offerent kann auch eine längere Frist für die Wirksamkeit seiner Offerte festsetzen, auch stillschweigend; es steht ihm jedoch frei, die Frist auch zu verkürzen. Die Wartefrist beginnt mit der Absendung der Offerte (s. Art. 319 HG.) und ist in ihrer voraus berechneten Dauer als ein Ganzes anzusehen; sie wird nicht verlängert, weder durch zufällig verspätetes Anlangen der Offerte, noch der Annahmeerklärung (s. Hasenöhrl S. 642).

Die bindende Wirkung der Offerte beginnt, wenn sie dem Adressaten zukommt, auf seine Kenntnisnahme kommt es nicht an; bis zum Empfang seitens des Adressaten kann die Offerte widerrufen werden (Brief durch Telegramm). Nach dem Empfang ist die Offerte während der gesetzlichen oder vom Offerenten gesetzten Frist nicht widerruflich (§ 862 i. f.); doch erlischt die Offerte durch den vor der Absendung der Annahme eingetretenen Tod und die Konkurseröffnung (CO. § 1), nicht aber durch die Handlungsunfähigkeit des Offerenten (§ 918).

II. Die Annahmeerklärung als solche vollendet nicht den Vertrag, sie muß dem Offerenten „bekanntgemacht werden" (§ 862), also mindestens zukommen, so daß er davon Kenntnis nehmen könnte. Bis zum Einlangen beim Offerenten kann die Annahme widerrufen werden (Brief durch Telegramm). Wird die Annahme zwar rechtzeitig abgegeben, gelangt aber nicht ordnungsmäßig innerhalb der Frist an den Offerenten, so entsteht der Vertrag nicht. Eine ausdrückliche Annahme ist nicht immer notwendig. Die Verkehrssitte oder der Offerent kann davon absehen, auch stillschweigend durch die Forderung sofortiger Erfüllung (z. B. bei Mandatsofferten). Dann entsteht der Vertrag durch die Annahme selbst, namentlich durch die geforderte Erfüllungshandlung.

Mit Ablauf der Frist erlischt die Offerte von selbst, es bedarf keines Widerrufes, auch keiner Anzeige über das verspätete Einlangen der Annahme; doch ist nach allgemeinen

Erwägungen zu entscheiden, ob das Unterlassen dieser Anzeige eine schuldhafte Handlung ist und zum Ersatz des Schadens des Oblaten verpflichtet. Regelmäßig wird eine verspätete Annahme ihrerseits als Offerte aufzufassen sein, die der frühere Offerent jetzt seinerseits durch Erklärung an den Gegner annehmen kann. Auch eine modifizierte oder bedingte Annahme (§ 869) gilt als neue Offerte.

III. Ob im einzelnen Falle eine rechtlich wirksame Offerte vorliegt, ist nach den Umständen zu beurteilen, namentlich sind öffentliche Ankündigungen im Zweifel nur als Aufforderung zu Offerten zu betrachten. Verhandlungen über einen Vertragsschluß, die zur allmählichen Vereinigung führen, müssen als Traktate, Punktationen usw. von dem eigentlichen, namentlich schriftlichen Vertragsschlusse unterschieden werden.

Von einer im Voraus gemachten Annahme eines Versprechens (§ 861 i. f.) kann im populären Sinne die Rede sein bei einseitig vorteilhaften Verträgen (Eigentums= übertragung, Schenkung); hier ist der voraus gemachten Annahme Erklärung stillschweigend unbeschränkte Dauer beigelegt (z. B. der Pächter will die Früchte des Grundstückes für die ganze Pachtzeit pro futuro akzeptieren).

Eine Verpflichtung, künftig einen Vertrag zu schließen — Vorvertrag — ist gesetzlich nur für obligatorische Verträge unter gewissen Beschränkungen anerkannt (§ 936).

IV. Besondere Erscheinungsformen von Rechtsgeschäften sind Versteigerung, Auslobung, Inhaberpapiere, über welche das Gesetz keine näheren Anordnungen enthält, obwohl die rechtliche Wirksamkeit dieser Geschäfte niemals zweifelhaft war. Eine positive Regelung derselben wird bei einer Reform des Zivilrechtes unerläßlich sein.

Die Versteigerung muß in erster Linie nach den Bedingungen beurteilt werden, welche der Versteigernde aufstellt und öffentlich mitteilt; so vor allem die Frage, ob die Versteigerung eine juristische Offerte des Versteigernden enthält, welche durch Bieten von jedem akzeptiert werden kann, oder ob die Offerte erst in einem Einzelgebot liegt, welches dann durch den Zuschlag akzeptiert wird. Öffentliche Versteigerungen sind nach gesetzlichen Vorschriften unter bestimmten Formen und Bedingungen zu veranstalten. (V. a. St. § 272 f.; GD. §§ 178 f. 278 f.) Die öffentliche Versteigerung ist vielfach als not= wendige Form der Veräußerung vorgeschrieben, sie hat auch gewisse materiellrechtliche Be= sonderheiten (§ 367 abGb. § 269 GD.).

Die Auslobung ist nach österreichischem Recht übereinstimmend als gültig an= erkannt. Sie wurde zur Zeit der Kodifikation angesehen als Offerte an unbestimmte Personen, deren Annahme durch die fragliche Leistung erfolgt. Diese den Tatsachen nicht ganz entsprechende Auffassung bietet jedoch nicht für alle einzelnen Fragen eine sichere und den praktischen Bedürfnissen entsprechende Entscheidung (f. v. Mayr, Auslobung S. 151). Doch auch die andere theoretische Auffassung, die in der Auslobung ein einseitiges bindendes Rechtsgeschäft sieht, führt nicht sicher zu den praktisch erwünschten Entscheidungen. Daher ist eine gesetzliche Regelung der Hauptfragen notwendig (vgl. D. BGB. § 657 f.).

Über die Entstehung von Verpflichtungen durch die Ausstellung von „Schuld= verschreibungen, welche auf den Überbringer lauten", kurz Inhaberpapiere genannt, ist auf das Obligationenrecht zu verweisen (Schuster, Oblig. r. S. 98, 99).

§ 26. Form der Rechtsgeschäfte.

I. Für manche Rechtsgeschäfte sind bestimmte Formen gesetzlich vorgeschrieben, so daß ohne die Form das Geschäft gar keine Wirkung, oder nicht die Wirkung der Klagbar= keit hat. Privatrechtliche Formen sind Schriftlichkeit (§ 943), Zuziehung von Zeugen (§ 434, 886), Mitwirkung öffentlicher Organe als Pfarrer, Richter, Notar, namentlich der Notariatsakt, Geben und Nehmen des Angeldes. (Provinzielle Dienstbotenordnungen). Die Einzelheiten dieser privatrechtlichen Formen sind bei den einzelnen Lehren anzuführen.

Die Form ist Erfordernis der Gültigkeit für den Ehevertrag und für letztwillige Verfügungen; ferner für den Adoptionsvertrag (§§ 181, 257 WPat.), für die eigent= liche Schenkung auf den Todesfall (§ 956), für den Vertrag über Gütergemeinschaft (§§ 1178, 1233) und für den Erbvertrag unter Ehegatten (§ 1249). Die Schriftlichkeit war nach § 943 Erfordernis für die Klagbarkeit von „Schenkungsverträgen ohne wirkliche Übergabe", doch s. darüber noch unten.

Die Schriftlichkeit ist außerdem vorgeschrieben für die Erbeserklärung, VP. § 122, für den Schiedsrichtervertrag CPO. § 577; für den Austritt aus einer Religionsgenossenschaft Ges. v. 25. Mai 1868, Nr. 49, Art. 6; für Promessengeschäfte Ges. vom 7. Nov. 1862 Nr. 85, § 1 d, § 2.

Die Aufnahme eines Notariatsaktes (s. darüber Krainz II. S. 62) ist notwendig nach dem Gesetz vom 25. Juli 1871 Nr. 76 für die Gültigkeit a) von Schenkungsverträgen ohne wirkliche Übergabe, b) von Ehepakten mit Ausschluß des Erbvertrages, c) von gewissen Geschäften zwischen Ehegatten als Kauf, Tausch, Rentenvertrag, Darlehen und Schuldbekenntnisse, d. h. Anerkennungsverträge überhaupt, d) von Urkunden über Rechtsgeschäfte unter Lebenden, die in eigener Person geschlossen werden von Blinden, von Tauben, die nicht lesen können, von Stummen die nicht schreiben können. Der Notariatsakt ist in dem letzten Falle nötig für die Erklärung des nichtvollsinnigen, und zwar zur Gültigkeit des Geschäftes überhaupt, wenn dasselbe schriftlich geschlossen wird, aber auch für die schriftliche Ausfertigung, wenn das Geschäft ausnahmsweise mündlich gültig geschlossen werden konnte. Im übrigen sind die vielen Unklarheiten dieses Gesetzes nur in den einzelnen Lehren zu lösen.

Die Eintragung in die öffentlichen Bücher macht besondere Formen notwendig für die der Eintragung zugrunde liegenden Rechtsgeschäfte, auch wenn sie an sich ohne Form gültig sein können; es bedarf stets einer Urkunde mit legalisierten Unterschriften (Näheres s. Sachenrecht).

Manche Formen sind im Gesetze als wünschenswert angeführt ohne ein unbedingtes Erfordernis der Gültigkeit zu sein, so das mehrmalige Aufgebot der Ehe § 74, die Eintragung der Ehe ins Register §§ 80, 82, die Datierung des Testamentes § 578 (s. auch §§ 580, 585, 587).

II. Die Herstellung einer Form, namentlich einer Urkunde über ein bereits vollgültig geschlossenes Geschäft kann Gegenstand einer Rechtspflicht sein, die entweder gesetzlich (so Ausstellung schriftlicher Quittung bei Zahlung § 1426, löschungsfähige Quittung bei Hypothek § 1369, Pfandschein bei Mobiliarpfand § 1370), oder vertragsmäßig festgestellt ist (z. B. bei Verkauf von Grundstücken). Im letzten Falle hat die formelle Ausfertigung mit der Gültigkeit des Vertrages nichts mehr zu tun, schafft keine neue Rechtswirkung, sondern bestätigt nur die alte; die Ausfertigung der wiederholenden Urkunde ist daher juristisch bedeutungslos, soweit sie mit dem ursprünglichen formlosen Vertrag, gleichviel aus welchen Ursachen, nicht übereinstimmt (Slg. N. F. 424).

III. Gewillkürte Form. Wenn der Handelnde eine bestimmte Form einzuhalten erweislich beabsichtigt, so ist seine Erklärung nicht vollendet, daher juristisch bedeutungslos, solange die Form nicht erfüllt ist, das gilt für einseitige Erklärungen (Testamente) wie für Verträge. Wenn die Parteien einen Vertrag also schriftlich schließen wollen, so ist die Schrift als Bedingung für das Zustandekommen des Vertrages anzusehen; genauer, es kann die formlose Erklärung der einen oder der anderen Partei nicht als bindende Offerte oder Annahme, sondern nur als Vorbereitung zu der bindenden schriftlichen Erklärung gemeint sein. Für diesen Fall sagt § 884, daß erst die Unterschrift der Urkunde, nicht schon ihre Vereinbarung und Vorbereitung als Vertragserklärung wirkt. Doch erwähnt § 885 einschränkend, daß dann, wenn über das Geschäft eine „förmliche Urkunde" (z. B. Tabularurkunde) abzufassen ist, auch die Unterzeichnung einer einfacher gestalteten Urkunde, welche die Hauptpunkte enthält, als bindender Abschluß des Vertrages angesehen werden kann.

Für den Fall der vereinbarten Schriftlichkeit des Vertragsschlusses ist nach § 887 auf gleichzeitig erfolgte (nicht aber auf nachträgliche) mündliche Vereinbarungen, welche der Urkunde nicht entsprechen, kein Bedacht zu nehmen. Diese Norm ist bei gesetzlichen Formen selbstverständlich (vgl. PLR. I. 5 § 127), aber auch bei gewillkürter Schriftlichkeit regelmäßig passend, da voraussichtlich und vernünftig die Parteien den Vertrag nicht teils schriftlich, teils mündlich, sondern bloß schriftlich schließen. Doch enthält § 887 gewiß kein zwingendes Recht, und die Parteien können auch mündliche Vereinbarungen neben den schriftlichen treffen, nur muß das gegen § 887 deutlich erwiesen werden) Slg. 10786, 13342); bei Ratengeschäften ist die Disposition von § 887 überhaupt ausgeschlossen (§ 8 Ges. v. 27. April 1896 Nr. 70). Man hat in § 887 auch eine Beweisregel finden wollen, wofür jedoch jeder Anhalt fehlt, wenn man nicht willkürlich § 887 auch auf jene Fälle ausdehnt, wo über einen vollendeten mündlichen Vertrag eine wiederholende Urkunde ausgefertigt wird.

§ 27. Auslegung der Geschäfte.

Die Auslegung der Rechtsgeschäfte unterliegt zunächst den allgemeinen Erwägungen, die auch für die Auslegung der Gesetze gelten) § 914; im übrigen aber gelten dafür besondere und nicht für alle Fälle gleichartige gesetzliche Bestimmungen.

Bei letztwilligen Verfügungen sucht das Recht die Absicht des Testators möglichst zu verwirklichen, soweit sie nicht mißbilligt ist. Selbst das Erfordernis, daß die Absicht erklärt sein muß, wird durch dispositive Verfügungen oder freie Interpretationen mehrfach zurückgedrängt (vgl. §§ 588, 706, 697). Wir nennen diese Art der Auslegung die subjektive. (s. Pfersche, Irrtumslehre, S. 103 f.)

Bei obligatorischen Verträgen hingegen ist eine objektive Interpretation anzuwenden; die an den Gegner gerichtete Erklärung jeder Partei wird in jenem Sinne aufgefaßt, der unter Beachtung aller Umstände des Falles für einen unbefangenen Dritten sich ergeben müßte. Der den Vertrag begründende Konsens ist daher dann vorhanden, wenn die beiden Erklärungen nach objektiver Interpretation übereinstimmen, mag auch die subjektive Auffassung der Parteien eine verschiedene gewesen sein.

Ergibt sich für die objektive Interpretation ein Zweifel, so ist nach § 914 jene Auffassung zu bevorzugen, nach welcher das Geschäft keinen Widerspruch enthält und wirksam ist. Ferner ist nach § 916 bei gegenseitigen Verträgen der Zweifel zuungunsten jener Partei zu lösen, die die undeutliche Fassung der Erklärung (auch schuldlos) veranlaßt hat; dagegen bei unentgeltlichen Verträgen zugunsten der minderen Belastung des Verpflichteten.

Ein Rechtsgeschäft wird jenen Rechtsregeln unterstellt, auf die sein Inhalt nach objektiver Interpretation hinweist, auch dann, wenn es von den Parteien unrichtig benannt oder „verschleiert" ist (§ 916).

§ 28. Anomalien der Rechtsgeschäfte.

I. Normal ist eine menschliche Handlung, wenn die äußere Betätigung (hier die ausgesprochenen Worte) mit der Absicht des Handelnden übereinstimmen und wenn der hervorgebrachte praktische Erfolg mit der Zweckvorstellung des Handelnden zusammentrifft. Die Rechtsregeln für die normalen Rechtsgeschäfte sprechen deren Gültigkeit aus; es fragt sich nun, ob die Gültigkeit ausgeschlossen wird bei nicht ganz normalen Rechtsgeschäften. Das österreichische Gesetz behandelt die Anomalien nicht gleich bei allen Rechtsgeschäften, es enthält besondere Rechtssätze für letztwillige Verfügungen, für den Ehevertrag, für obligatorische Verträge, und spricht von den übrigen Rechtsgeschäften gar nicht, die daher nach Analogie behandelt werden müssen.

II. Absichtlich unrichtige Erklärungen bilden eine normale, aber juristisch bedeutungslose Erscheinung, wenn der ganze Sachverhalt, nämlich der Mangel der Ernstlichkeit neben der anscheinenden rechtlichen Erklärung in gleicher Weise objektiv ersichtlich wird, sei es aus dem Inhalte der Erklärung selbst, aus den Umständen der Abgabe (Theater, Lehrvortrag), oder bei obligatorischen Verträgen aus dem Einverständnis beider Teile. Wird trotz der objektiven Ersichtlichkeit der Nichternstlichkeit der Erklärung jemand getäuscht und geschädigt, so leistet der Urheber der „Scheinhandlung" Genugtuung (§ 869 i. f.).

Eine juristisch anormale Erscheinung liegt nur dann vor, wenn die nichternstliche Erklärung isoliert und objektiv nicht als solche erkennbar verwirklicht wird. Bei allen Verträgen bleibt ein geheimer Vorbehalt der Nichternstlichkeit eines Teils unbeachtet. Eine formelle gültige letztwillige Erklärung kann auf Grund einer Gegenerklärung des Testators nur nach den gesetzlichen Regeln (719 Widerruf in Testamentsform, 716 derogatorische Klausel in Testamentsform) angefochten werden (vgl. D. BGB. § 116). Eine vor einem öffentlichen Funktionär formgiltig geschlossene Ehe bleibt so lange gültig, bis ihre Ungültigkeit gerichtlich angefochten ist, eine Anfechtung wegen Nichternstlichkeit der Erklärung ist aber im Gesetze nicht vorgesehen (so auch das D. BGB.) und die Ehegatten, welche die nichternstliche Erklärung absichtlich abgegeben haben, sind nach § 96 zur Anfechtung nicht berechtigt.

Ein einverständlich zum Scheine geschlossenes obligatorisches Geschäft ist unter den Parteien jedenfalls unverbindlich; doch redlichen Dritten gegenüber, welche die Simulation nicht kennen, müssen die Vertragsparteien den Vertrag gelten lassen, soweit das berechtigte Interesse des Dritten reicht. Anderseits kann ein Dritter, soweit sein berechtigtes Interesse reicht, sich auch auf die Simulation eines zwischen anderen geschlossenen obligatorischen oder sachenrechtlichen Vertrages berufen. Dies gilt auch von den sogenannten „fiduziarischen Geschäften", für welche das österreichische Recht keine Ausnahme macht und die wie jedes Scheingeschäft, nicht nach dem weitergehenden Wortlaut, sondern nach der eigentlichen Absicht der Parteien (§ 916) beurteilt werden. Sachenrechtliche Fiduziargeschäfte sind nach österreichischem Recht schon deshalb nicht vollwirksam, weil ein gültiger Rechtsgrund der sachenrechtlichen Änderung fehlt.

III. Zwang wird bei allen Rechtsgeschäften beachtet, wenn er widerrechtlich (§ 870), und wenn er entscheidendes Motiv (wenn „die Furcht gegründet", §§ 55, 870) war. Über beide Punkte entscheidet richterliches Ermessen, das bei Testamenten und Eheschluß weiterzugehen hat, als bei Vermögensgeschäften. Widerrechtlich ist bei dem Eheschluß jeder Zwang, daher die Widerrechtlichkeit in § 55 nicht erwähnt. Letztwillige Verfügungen werden ungültig, gleichviel wer den Zwang ausgeübt hat (§ 565); der Zwingende wird auch erbunwürdig und den etwa Geschädigten ersatzpflichtig (§ 542). Eine erzwungene Ehe kann als ungültig angefochten werden von dem gezwungenen Teile und von dem anderen, wenn er den ausgeübten Zwang nicht gekannt hat (§ 95).

Obligatorische Verträge können nur von der gezwungenen Partei, und nur dann angefochten werden, wenn der Vertragsgegner den Zwang veranlaßt hat (§ 870), oder wenn er den von einem Dritten ausgehenden Zwang kannte oder kennen mußte (§ 875.) Der Zwingende haftet außerdem für allen Schaden (§ 874). Für sachenrechtliche Verträge ist die Analogie der obligatorischen, für einseitige Rechtsgeschäfte die der letztwilligen Erklärungen anzuwenden.

IV. Betrug ist bei der Ehe nicht als Ungültigkeitsgrund anerkannt, ein bedauerlicher Mißgriff des Gesetzes. Letztwillige Erklärungen werden stets durch Betrug ungültig (§ 565). Auch bei obligatorischen Verträgen tritt Ungültigkeit durch Betrug sowie durch Zwang ein, obwohl diese Regel offenbar durch ein Versehen bei der Redaktion nicht direkt ausgesprochen wurde; sie entspricht aber der ganzen Tendenz des Gesetzes und ist in einzelnen Fällen (§ 1270, 1291) hervorgehoben und folgt teilweise aus der Erwägung, daß Benutzung des erkannten Irrtums des Gegners als Betrug erscheint. Der den Betrug Veranlassende ist außerdem zu vollem Ersatz verpflichtet (§ 874).

V. Irrtum macht die Ehe ungültig, wenn er die Person des anderen Gatten betrifft; ob eine Verwechslung der Person vorliegt, ist durch Vergleich der Eheerklärung mit dem stets vorausgehenden Eheverlöbnis festzustellen. Ein Irrtum einer Partei über die Natur des Geschäftes, ob also überhaupt eine Ehe geschlossen werden soll, veranlaßt einen Dissens, der hier billigerweise zu beachten ist.

Letztwillige Erklärungen sind anfechtbar, sowohl wenn der Irrtum des Testators einen Geschäftspunkt, Person des Bedachten oder Gegenstand der Zuwendung (§ 570), als auch wenn er einen außerhalb des Geschäftsinhaltes liegenden Punkt, ein Motiv betrifft. Doch muß im letzten Falle erwiesen werden, daß das Motiv entscheidend war, daß ohne den Irrtum nicht so verfügt worden wäre (§ 572).

Bei obligatorischen Verträgen findet der Irrtum im Motiv, abgesehen vom Falle des Betrugs, keine Beachtung; der Irrtum über Geschäftspunkte kann dem Irrenden das

Recht der Anfechtung geben. Die Anfechtung führt zur Aufhebung des ganzen Vertrages, wenn der Irrtum einen Hauptpunkt betrifft (Identität einer individuell bestimmten Sache, eine wesentliche Eigenschaft derselben usw.). Ob etwas Hauptpunkt des Vertrages ist (z. B. die Identität der Person des Gegners, § 873) wird im Zweifel entschieden nach der subjektiven Beziehung, ob das Geschäft ohne den Irrtum vermutlich geschlossen worden wäre oder nicht. Betrifft der Irrtum nur Nebenpunkte, so kann der Irrende nicht die Aufhebung des Vertrags, sondern nur „die angemessene Vergütung" fordern (§ 872), d. h. eine Verbesserung der ihm zugesagten Leistung oder eine entsprechende Minderung seiner eigenen Gegenleistung (vgl. § 932).

Der Irrende hat aber das Anfechtungsrecht nur dann, wenn der Gegner entweder den Irrtum veranlaßt hat (§ 871), wenn auch schuldlos, oder wenn er den Irrtum gekannt hat oder nach objektiver Beurteilung kennen konnte (§§ 876 f., 1299). Der Irrende hat nicht nur seinen subjektiven Irrtum, sondern auch die übrigen Bedingungen seines Anfechtungsrechtes zu beweisen.

Die Regeln über den Irrtum setzen voraus, daß wenigstens die Erklärungen beider Parteien übereinstimmen; besteht nach objektiver Interpretation ein von den Parteien nicht gleich erkannter Dissens der Erklärungen, so fehlt der äußerliche Tatbestand des Vertrages (§ 869) und seine Ungültigkeit kann von beiden Parteien geltend gemacht werden.

Bei Schenkungsversprechen ist nach § 915 und 901 der Irrtum in weiterem Umfange zu berücksichtigen, ebenso wie bei letztwilligen Erklärungen (§ 572).

Beim Vergleich bleibt ein Irrtum über den Vergleichspunkt, dessen Ungewißheit eben gehoben werden soll, ganz außer Betracht, sofern nicht Betrug seitens einer Partei vorliegt (§ 1387). Dagegen legen die Parteien übereinstimmend dem Vergleiche eine gewisse Sachlage, ohne die er keinen Sinn hätte, als feststehend zugrunde und wenn dies sich als irrtümlich herausstellt, so ist der Vergleich ohne die Einschränkungen von §§ 871 f. für beide Parteien ungültig (so auch D. BGB. § 779); dieser weitergehende Satz ist dem unklar formulierten § 1385 zu entnehmen, während im übrigen auch die allgemeinen Irrtumsregeln anzuwenden sind.

Schließlich finden die Irrtumsregeln nur Anwendung bei dispositiven Erklärungen, nicht aber bei wiederholenden; wenn etwa ein vollendeter mündlicher Vertrag in einer Urkunde wiederholt wird und die Urkunde von dem Vertrage abweicht, so ist die Urkunde juristisch bedeutungslos, gleichviel wie ihre unrichtige Fassung entstanden ist.

Über sachenrechtliche Geschäfte enthält das Gesetz keine besonderen Bestimmungen, die in der Hauptsache entbehrlich sind. Denn ein dabei unterlaufender Zwang oder Irrtum unterbricht regelmäßig den Zusammenhang mit dem Rechtsgrund und schließt so indirekt die sachenrechtliche Wirkung aus. Soweit es nicht der Fall ist, sind bei Verträgen die für obligatorische Geschäfte geltenden Regeln zur Ergänzung in analoger Weise zu verwenden. Bei einseitigen Rechtsgeschäften dagegen wird jeder Geschäftsirrtum ohne Rücksicht auf einen Gegner zu beachten sein.

§ 29. Inhalt.

I. Der Inhalt der Rechtsgeschäfte muß genügend bestimmt, oder doch durch Interpretation, durch ergänzende Rechtssätze oder das Ermessen des Richters bestimmbar sein, sonst kann er rechtliche Folgen nicht haben (§ 869).

Der Inhalt der Rechtsgeschäfte ist nicht vollständig der Willkür der Parteien anheimgestellt. Der Inhalt des Ehevertrages und seine Wirkung ist gesetzlich festgestellt, die Parteien können daran nichts ändern; bei anderen Geschäften sind wenigstens einzelne Teile des Inhalts als notwendig und unabänderlich erklärt (Legitimation, § 182; Wiederkauf und Rückkaufvertrag, §§ 1070, 1071; Erbvertrag, §§ 1252, 1253; Erteilung der Prokura, HG. Art. 42, 43). Im Sachenrecht sind die Typen möglicher Rechtsverhältnisse in zwingender Weise begrenzt, muß daher der Inhalt von Rechtsgeschäften innerhalb dieser Grenzen sich halten.

Am freiesten ist die Willkür der Inhaltsbestimmung bei Obligationen. Es ist nur erforderlich, daß der Gläubiger an der Leistung ein eigenes vernünftiges Interesse habe; es genügt also nicht, daß die versprochene Handlung nur dem Interesse des Versprechenden dient. Doch ist aus dem Gesetze nicht zu entnehmen, daß die Leistung selbst einen Geldwert für den Gläubiger haben müsse, es genügt ein sittliches oder ein berechtigtes Affektionsinteresse; daß die Bestimmung einer Ersatzsumme für das Affektionsinteresse, falls diese notwendig wird, Schwierigkeiten bietet, ist kein Hindernis, da das Gesetz selbst den Ersatz des Affektionsinteresses mehrfach auferlegt (§§ 335, 378, 1331) und dann die Festsetzung nach Billigkeit nach ZPO. § 273 eintritt.

II. Abstrakte Rechtsgeschäfte sind im abGb. weder im Sachenrecht noch im Obligationenrecht als wirksam anerkannt; daher muß bei der rechtlichen Geltendmachung eines Rechtsgeschäftes stets der gesamte Tatbestand berücksichtigt werden, und muß der Kläger einen obligatorischen Anspruch als ein typisches Geschäft oder nach Analogie eines solchen begründen. Die Ausstellung einer abstrakten Urkunde, welche nur den Anspruch der einen Partei, nicht den ganzen Tatbestand, namentlich nicht den Rechtsgrund des Anspruchs, in sich aufnimmt, ändert nichts an der rechtlichen Beurteilung des Geschäftes, kann jedoch die Beweislage ändern.

Die vielfach vorkommende Bestätigung, ein Darlehen zu schulden, ist an sich nach § 1001 bedeutungslos, da der Kläger noch den Beweis der gezahlten Valuta führen muß. Enthält die Urkunde aber auch die Bestätigung, die Valuta erhalten zu haben, so ist die Klage genügend begründet. Doch kann dagegen der Geklagte den Beweis der nicht erhaltenen Valuta führen, oder das Darlehensgeschäft als simuliert anfechten durch Nachweis, aus welchem wirklichen Rechtsgeschäft die unrichtige Urkunde entstanden ist; dabei bleibt ihm die Einwendung der Ungültigkeit dieses Rechtsgeschäftes gewahrt, auch gegen den Zessionar, selbst gegen die Hypothek.

Schließt die Ausstellung der abstrakten Urkunde ein neues Rechtsgeschäft in sich, wie Anerkennung, Abrechnung, Novation, so kommen die für diese Geschäfte geltenden Rechtssätze zur Anwendung; den Beweis für ein solches Geschäft hat der Kläger zu führen, arg. 1379. Ebenso kommen besondere Rechtsregeln in Betracht, wenn ein Wechsel oder eine andere an sich gültige Formalobligation des Handelsrechtes geschaffen wird; hier sind die Einreden aus dem unterliegenden Kausalgeschäft gegen den redlichen dritten Gläubiger nicht geltend zu machen (WO. § 82).

III. Leistung an einen Dritten kann den Inhalt eines Vertrages bilden, soweit ein berechtigtes Interesse des kontrahierenden Gläubigers vorliegt. Ob auch eine Rechtswirkung für den beim Vertrage selbst nicht beteiligten (auch nicht durch Vertretung beteiligten) dritten entsteht, — Vertrag zu Gunsten des dritten — ist bestritten. Die oft geäußerte Ansicht, daß dies im § 881 allgemein als unzulässig erklärt sei, ist unberechtigt; sie ist weder durch den Wortlaut „Niemand kann für einen anderen (d. h. statt eines anderen) ein Versprechen machen oder annehmen", noch durch die Entstehungsgeschichte (s. Hasenöhrl I § 34, N. 13; Krasnopolski in Wiener Zeitschr. 22 S. 577 f.), oder durch praktische Erwägungen begründet. Einzelne Fälle von Verträgen zu Gunsten dritter sind im Gesetze, ganz abgesehen von der unbestimmten Bemerkung in § 996, ausdrücklich anerkannt; so die Bestellung des Heiratsgutes seitens eines dritten (§§ 1218, 1229), so der Vertrag mit Versorgungsanstalten (§ 1287), was auf andere Versicherungsfälle unbestritten erstreckt wird, so daß die Lebensversicherung zu Gunsten der Frau oder der Erben, nicht als Teil des Nachlasses behandelt wird (Slg. 12421, 14754). Endlich ist in § 1019 angeordnet, daß auf Grund des angenommenen Auftrages, wonach der Beauftragte eine Leistung an einen dritten machen solle, der dritte ein Klagerecht erwirbt, sobald er von dem Auftrage verständigt wird. Wie bei allen sonstigen Verträgen zu Gunsten dritter erfolgt auch hier die Rechtswirkung zu Gunsten des dritten ohne seine Mitwirkung an dem Rechtsgeschäfte und ohne seinen Beitritt hierzu, allein durch Verständigung, welcher von der Praxis auch die Publizität des Rechtsgeschäftes (z. B. durch Verbücherung desselben) gleichgestellt wird. Manche beziehen allerdings den § 1019 nur auf den Fall des Zahlungsmandates (Krainz § 136, II), erblicken aber dann ein Zahlungsmandat in allen praktisch wichtigen Fällen der Verträge zu Gunsten dritter, nämlich überall dort, wo die Leistung an den dritten beruht auf dem wirtschaftlichen Verhältnis zwischen dem Auftraggeber und dem Beauftragten; es besteht daher kein praktischer Unterschied zwischen dieser und unserer Ansicht.

Alle einzelnen Fragen bezüglich der Verträge zu Gunsten dritter sind nach dem Willen der Kontrahierenden und nach der Natur des Falles zu beurteilen; so auch die Frage, wann dem dritten neben dem Klagerecht gegen den Mandatar ein solches auch gegen den Mandanten zukommt, was in § 1019 als möglich, aber nicht als notwendig vorgesehen ist.

IV. Was „unerlaubt" ist, kann nicht Gegenstand eines gültigen Rechtsgeschäftes sein (§ 878); der unerlaubte Inhalt schließt die Gültigkeit aus in öffentlichem Interesse, es kommt dabei auf das Wissen oder den Irrtum der Parteien nicht an. Die Ungültigkeit kann hier von beiden Parteien ohne zeitliche Beschränkung (cf. § 1487) in beliebiger Weise geltend gemacht werden, ist selbst von dem Richter von Amtswegen zu beachten. Das ursprünglich ungültige Geschäft wird in diesen Fällen nicht gültig durch spätere Änderung der tatsächlichen Verhältnisse oder Rechtsnorm.

Unter den Parteien kann neben der Ungültigkeit eine Verpflichtung zum Ersatze des negativen Vertragsinteresses entstehen (§ 878), die nach allgemeinen Regeln zu beurteilen ist. Wer wissentlich den unerlaubten Vertrag schließt, erlangt keine Ersatzansprüche, ja er kann sogar die wissentlich zur Bewirkung einer unerlaubten Handlung gemachte Leistung nicht zurückfordern (§ 1174). Die Unkenntnis der auf das Rechtsgeschäft bezüglichen Rechtsregeln erscheint regelmäßig als verschuldet, wenn nicht eine Entschuldigung erwiesen wird.

Einzelne unzulässige Rechtsgeschäfte sind im abGb. angeführt (z. B. §§ 879, 1371, 993, 998), als auch in vielen anderen Gesetzen (s. Zitate in der Ausgabe von Manz zu § 879). Nicht jedes verwaltungsrechtliche Verbot bedingt die zivile Ungültigkeit der dagegen verstoßenden Geschäfte; gültig ist z. B. der Verkauf unter Verletzung der Erwerbsbefugnisse oder der Sonntagsruhe.

In Ergänzung der einzelnen positiven Verbote gilt die allgemeine Regel, daß als zivilrechtlich unerlaubt auch jedes Geschäft erscheint, das nach allgemeiner Auffassung gegen die guten Sitten verstößt, genauer das vermöge seines Inhalts oder seiner indirekten Einwirkung soziale Interessen verletzt; so gilt eine zu weit gehende Selbstbeschränkung der Willensfreiheit und wirtschaftlichen Selbstbestimmung als ungehörig. Die Anwendung auf die Einzelfälle erfolgt durch Ermessen des Richters nach den in Entwicklung begriffenen Anschauungen über die Bedürfnisse und Ziele des Staatslebens (s. Schuster, Oblig. S. 20). Unzulässig ist auch ein Verzicht auf zwingende gesetzliche Bestimmungen, die im allgemeinen Interesse gegeben sind (Mäßigung der Konventionalstrafe, §§ 1336, 947, 948); es ist praktisch, wenn die Unverzichtbarkeit, wo sie fraglich sein kann, direkt ausgesprochen ist, wie bei Verjährung (§ 1502).

Besondere Bestimmungen gelten für das ausbeuterische (Wucher=)Geschäft (Ges. v. 28. Mai 1881, Nr. 47), dessen Begriff zunächst kriminell bestimmt ist, als Kreditgeschäft, das maßlose Vermögensvorteile betrifft, die das wirtschaftliche Verderben des Schuldners zu befördern geeignet sind, und zu dessen Abschluß der Schuldner durch Ausbeutung seines Leichtsinns, Unerfahrenheit, Notlage usw. veranlaßt wurde. Ein solches Geschäft ist als nichtig zu erklären, entweder vom Strafrichter, wenn der Kreditgeber wegen desselben als schuldig befunden wird; oder von dem Zivilrichter, wenn eine kriminelle Verfolgung des Kreditgebers aus strafrechtlichen Gründen nicht möglich ist (Tod, Unzurechnungsfähigkeit, Verjährung usw.). Im Strafprozeß kann der Antrag auf Nichtigerklärung des wucherischen Geschäfts auch von dem öffentlichen Ankläger gestellt werden; im Zivilprozeß über ein solches Geschäft hat der Richter die Kriminalanzeige zu machen. Im übrigen aber ist die Nichtigkeit nicht von Amts wegen in Betracht zu ziehen, sondern nur auf Antrag des Schuldners, den er als Klage oder Verteidigung in jeder Prozeßlage ohne zeitliche Beschränkung stellen kann. Die Einwendung des Wuchers ist auch gegen den Rechtsnachfolger des Kreditgebers zulässig.

Die Nichtigerklärung wirkt zurück, beiden Teilen bleibt der Anspruch auf Rückgabe

4*

des von ihnen auf Grund des wucherischen Geschäfts faktisch Geleisteten nebst gesetzlichen Zinsen vom Tage der Leistung an, wobei jedoch der Schuldner als redlicher, der Kreditgeber als unredlicher Besitzer zu behandeln ist (Schey, Oblg. I, S. 139 f.).

V. Ist das Rechtsgeschäft auf etwas „geradezu Unmögliches" (§ 878) gerichtet, so bleibt es auch absolut ungültig, ohne Rücksicht, ob die Unmöglichkeit den Parteien bekannt war oder nicht, und es kann nur je nach Umständen das negative Vertragsinteresse gefordert werden; eine andere rechtliche Behandlung ist ausgeschlossen, weil hier das Erfüllungsinteresse begrifflich nicht festzustellen ist.

Aber nicht in allen Fällen, wo etwas von vornherein unerfüllbares vereinbart wurde, tritt die gleiche Rechtsfolge der absoluten Ungültigkeit ein; „wer eine nicht mehr vorhandene oder fremde Sache als die seinige veräußert", haftet nach §§ 923, 931 wegen Gewährleistung auf das Erfüllungsinteresse; der Zedent (§ 1397) und der Verkäufer einer Erbschaft (§ 1283) haften in allen Fällen für die „Richtigkeit" ihres Rechtes, also auch dann, wenn dieses bei Abschluß des Vertrages nicht existiert hat, eine Haftung, die sich auf das Erfüllungsinteresse bezieht; der Besteller muß eine angemessene Entlohnung leisten (§ 1155), auch wenn die bestellten Dienste oder Arbeiten schon zur Zeit der Bestellung durch Zufall unausführbar waren. Doch ist in allen diesen Fällen die Geltendmachung eines Irrtums über die Ausführbarkeit des Geschäfts nach allgemeinen Regeln zulässig und sofern eine relative Ungültigkeit möglich. Was die Haftungen und die gegenseitigen Verpflichtungen der Parteien betrifft, so sind die Fälle anfänglicher Unerfüllbarkeit nach denselben Gesichtspunkten zu beurteilen, die bei anormalen Geschäften gelten (s. oben).

§ 30. Bedingung, Befristung.

I. Eigenartig gestaltet wird der Inhalt des Rechtsgeschäftes durch Beifügung einer **Zeitbestimmung** oder **Bedingung**: man spricht hier auch von Einschränkung des Rechtsgeschäftes (§ 695). Diese Modifikation des Inhalts ist zulässig bei den meisten Rechtsgeschäften, namentlich auch bei den sachenrechtlichen (cf. § 528 usw.); sie ist regelmäßig ausgeschlossen bei den familienrechtlichen Geschäften, Adoption, Legitimation, väterlicher Ehekonsens, Ehevertrag (arg. §§ 75, 80; § 59 sollte nur die Irrtumsfrage behandeln; Prot. I, S. 91, N. 1), ferner bei Antretung und Ausschlagung der Erbschaft (vgl. V.Pat. § 118), bei Hinterlassung des Pflichtteils. Im letzten Falle wird nach § 774 jede Beschränkung als nicht beigesetzt behandelt; in den übrigen Fällen hat die bedingte oder befristete Erklärung nicht die Rechtswirkung der unbeschränkten Erklärung.

II. Die Beifügung einer zulässigen Zeitbestimmung ändert nichts an dem Wesen des Rechtsgeschäftes, dessen Gültigkeit beurteilt wird nach dem Zeitpunkte seiner Entstehung. Bei aufschiebender Befristung tritt zwar die volle Wirkung des Rechtsgeschäftes kraft des Willens der Parteien nicht sofort ein; aber es wird sofort wenigstens jene Rechtslage geschaffen, aus welcher die volle Wirkung mit dem Zeitablauf von selbst hervorgehen muß. Daher gilt das in dem Rechtsgeschäfte verliehene Recht sofort als erworben und als vererblich; es gilt sofort als ein Aktivum des Berechtigten und ein Passivum des Verpflichteten, und ist bei der Konkursmasse als solches zu berücksichtigen. Eine befristete Obligation kann sogleich sichergestellt und freiwillig erfüllt werden; selbst irrtümliche Vorerfüllung kann nicht kondiziert werden (§ 1434). Für den Schuldner entsteht schon jetzt die Pflicht, „die Sachen in dem Zustande, in dem sie sich bei Abschluß des Vertrages befunden haben", seinerzeit zu übergeben und inzwischen für Sorgfalt zu haften (§§ 1047, 1061). Ein befristetes Sachenrecht kann sofort ins Grundbuch eingetragen werden; dem bisherigen Berechtigten (z. B. Eigentümer) wird dadurch die Disposition über sein Recht über dessen Endpunkt hieraus unmöglich gemacht, es kommt ihm (nach §§ 707, 613, 904 i. f.) nur noch ein „zeitlich beschränktes Eigentum" zu.

Bei **aufhebender** Befristung tritt die volle Wirkung des Rechtsgeschäftes sofort ein und dauert bis zu dem festgesetzten Zeitpunkt fort. Der Eintritt des Endpunktes hebt die Rechtswirkung kraft des Parteiwillens erst für die Zukunft (ex nunc) auf. Die auf bestimmte Zeit verliehene Vormundschaft muß durch gerichtliche Verfügung aufgehoben werden

(§ 256). Sonst fällt die Wirkung des Rechtsgeschäftes mit dem Zeitablauf von selbst weg (§ 1449), so namentlich bei Obligationen, Pfandrecht (§ 468) und Servituten (§§ 527, 529). Damit ein zeitweiliger Erbe, der als „beschränkter Eigentümer" zu behandeln ist (§ 613), seine Rechtsstellung von selbst verliert, wird dies von vornherein sichergestellt, bei Grundstücken durch grundbücherliche Eintragung; ebenso wird bei resolutiv betagter Eigentumsübertragung vorzugehen sein (§ 904 i. f.) Die von dem zeitweiligen Eigentümer bestellten Rechte an der Sache erlöschen von selbst mit dem Rechte ihres Auktors, sofern sie nicht durch redlichen Erwerb dritter unanfechtbar werden (§§ 468, 527).

III. Eine **aufschiebende Bedingung** stellt das Rechtsgeschäft unter einige besondere Rechtssätze. Das suspensiv bedingte Rechtsgeschäft hat ebenso wie das befristete, schon mit dem gültigen Abschluß gewisse rechtliche Folgen, damit ihm die volle künftige Wirksamkeit eventuell gesichert wird; doch besteht gegenüber der Befristung der Unterschied, daß die irrtümliche Erfüllung eines bedingten Anspruchs kondiziert werden kann (§ 1434), und daß eine suspensiv bedingte letztwillige Zuwendung erst mit Eintritt der Bedingung anfällt und eine vererbliche Anwartschaft gewährt (§ 730). Bedingte Geschäfte unter Lebenden gewähren, wie die befristeten, sofort ein vererbliches Recht (§ 900). Auch ein bedingtes Recht gibt die Grundlage für Zession, Novation, Erlaß, Pfandrecht und Bürgschaft, kann verbüchert werden und genießt die Vorteile rechtlicher Sicherung bei Verlassenschaftsabhandlung (B.Pat. §§ 158, 160), Konkurs (KO. § 16), Meistbotsverteilung und Exekution zur Sicherstellung (EO. §§ 221, 378).

Wird die aufschiebende Bedingung vereitelt, so entfällt kraft des Parteiwillens jede rechtliche Wirkung, so als ob das Geschäft gar nicht erfolgt wäre (ex tunc). Bei **Erfüllung** der Suspensivbedingungen tritt dagegen die volle Rechtswirkung des Geschäftes ein mindestens für die Zukunft (ex nunc), und soweit möglich unmittelbar von selbst, namentlich bei Obligationen. Die unmittelbare sachenrechtliche Wirkung des Geschäftes bei Eintritt der Bedingung erfordert, daß die normalen Voraussetzungen der sachenrechtlichen Geschäfte vorliegen, also Eintragung im Grundbuch bei Grundstücken, Erlangung des Gewahrsams beim Mobilienpfand, Traditionsvorgang für das Eigentum an Mobilien. Das bedingte Erbrecht und Legat gibt einen Anspruch auf sofortige Durchführung der Voraussetzungen des sachenrechtlichen Erwerbs (§ 707). In Konsequenz der unmittelbaren Wirkung der erfüllten Bedingung verlieren die von dem Vormann während des Schwebens der Bedingung getroffenen Verfügungen über das Objekt des bedingten Rechtes ihre Wirkung (§§ 468, 527).

In manchen Fällen soll die Wirkung des suspensiv bedingten Geschäftes nach Erfüllung der Bedingung **zurückbezogen** werden so als wenn das Geschäft unbedingt gewesen wäre (ex tunc); ob dies der Fall ist, hängt ab von dem Willen der Parteien und der Natur des Falles. So ist es der Zweck der bedingten Verbücherung (Pränotation, § 438), die sachenrechtliche Wirkung nach dem Zeitpunkt der Pränotation zu bestimmen; und der Zweck der bedingten Bestellung eines Pfandrechts, sofort dem Pfandgläubiger das Pfandobjekt zu sichern; daher findet hier Rückziehung statt. Bei letztwilligen Zuwendungen tritt keine Rückziehung ein (§§ 707, 708). Die auf Erlebensfall versprochene Versicherungssumme ist erst seit dem Versicherungsfall, dagegen die deponierte Wettsumme schon seit der Deponierung geschuldet. Sachlich besteht in der Frage der Rückwirkung kein Streit, nur terminologisch, indem manche die Rückwirkung als begriffliche Konsequenz der „reinen Bedingung" ansehen und daher dort, wo sie nicht eintritt, neben der Bedingung auch eine Zeitbestimmung in dem Geschäft als gegeben denken.

IV. Ein **aufhebend** bedingtes Rechtsgeschäft läßt die volle Rechtswirkung sofort eintreten, die bei Ausfall der Bedingung dauernd bleibt, bei Eintritt der Resolutivbedingung jedoch so aufhört, wie bei einem Endtermin, also für die Zukunft und womöglich unmittelbar. Doch kann hier der Zweck der Bedingung auch dahingehen, daß die eingetretenen Rechtsfolgen und ihre praktischen Konsequenzen vollständig beseitigt werden sollen, so als wenn das Geschäft nicht geschlossen worden wäre. Diese Rückwirkung kann freilich in betreff der faktischen Geschäftsfolgen stets nur indirekt und obligatorisch (Pfaff-Hofmann II, S. 556) durchgeführt werden. Der Vorbehalt eines besseren Käufers hebt den erfolgten

Eigentumsübergang für die Zukunft auf (§ 1085); letztwillige Verfügungen hören auf ohne Rückwirkung (§ 708), soweit nicht eine weitergehende Absicht des Testators ersichtlich ist.

V. Bedingungen und Befristungen machen der Auslegung vielfache Schwierigkeiten und stehen unter besonderen Rechtsregeln. Die Auslegung ist auch hier für Verträge objektiv, für letztwillige Verfügungen subjektiv. Wie mit einer Bedingung häufig auch eine Zeitbestimmung verbunden ist, so kann in einer Zeitbestimmung gleichzeitig auch eine Bedingung enthalten sein (dies incertus an), weshalb der Fall als Bedingung zu behandeln ist (§ 704). Ist der Zeitpunkt einer Zuwendung nach dem Alter einer Person bestimmt, so kann darin auch die Bedingung enthalten sein, daß die Person das fragliche Alter erreicht. Für die Bestellung von Servituten wird diese Interpretation in § 528 zwar abgelehnt; eine fideikommissarische Substitution (§ 608) dagegen gilt im Zweifel als bedingt durch das Erleben des Substitutionsfalles (arg. § 615 und § 704) seitens des Substituten.

Wer sich auf die Erfüllung der Bedingung beruft, muß beweisen, daß ihr Inhalt verwirklicht ist (§ 699). Eine wiederholbare Handlung des aus dem Geschäfte Berechtigten als Bedingung gesetzt, bedeutet regelmäßig, daß er zu dieser Handlung durch das Geschäft veranlaßt werden, sie also nach dem Geschäft wiederholen soll, obwohl er sie schon vorher gelegentlich vorgenommen hat. Bei anderen (zufälligen) Bedingungen ist es gleich, wann sie eingetreten sind (§§ 701, 899). Wenn der durch das Rechtsgeschäft Belastete die Erfüllung der Bedingung absichtlich hindert, so gilt nach allgemeinen Rechtsgrundsätzen (arg. 542, 1295, 1323) die Bedingung als erfüllt, obwohl das Gesetz diese Regel aus Versehen nicht ausspricht (Pfaff=Hofmann II, S. 577).

Eine verneinende Suspensivbedingung wird bei letztwilligen Anordnungen nach § 708 so behandelt wie die entgegengesetzte Resolutivbedingung; der Bedachte erhält also die Zuwendung sofort, muß sie aber herausgeben, wenn das Ereignis eintritt, dessen Nichteintritt Bedingung ist. Diese Regel wird erweiternd überall anzuwenden sein, wo die Absicht des Testators die mit der Suspensivbedingung verbundene aufschiebende Wirkung ausschließt, wo sie also eigentlich als Auftrag gemeint ist.

VI. Wie die Unverständlichkeit der ganzen Verfügung ihre rechtliche Wirksamkeit ausschließt, so auch die Unverständlichkeit der Bedingung, die einen integrierenden Bestandteil des Rechtsgeschäftes bildet (§ 898); doch nach § 697 wird eine letztwillige unverständliche Bedingung als nicht beigesetzt behandelt.

Unerlaubt sind Bedingungen, welche an einen unerlaubten Vorgang einen Vorteil knüpfen oder in anderer Weise unsozial oder unsittlich wirken können; dazu gehört auch die Bedingung überhaupt nicht zu heiraten (§ 700). Solche Bedingungen machen die ganze Verfügung ungültig (§§ 698, 898); bei letztwilligen Verfügungen jedoch gilt die unerlaubte auflösende Bedingung als nicht beigesetzt (§ 698), was auch auf unerlaubte negative Potestativbedingungen anzuwenden ist (arg. 700, 708).

Als „unmögliche" Resolutivbedingung bezeichnete man früher auch jene notwendige Bedingung, die etwas unmögliches fordert (Pfaff=Hofmann II, S. 570); auf diese bezieht sich § 698 und erklärt sie als nicht beigesetzt (f. § 712).

Bedingungen, deren Erfüllung schon bei Errichtung des Geschäftes ausgeschlossen ist, „unmögliche" im eigentlichen Sinne, unterliegen keiner besonderen Rechtsregel, auch nicht § 698; sie machen schon kraft Parteiwillens als suspensive die Verfügung unwirksam, als resolutive dauernd wirksam. Das letzte gilt auch für Verträge, da auf diesen Fall § 898 ohne „Buchstabeninterpretation" nicht anzuwenden ist (Unger II, S. 83, Nr. 94; s. auch noch unten).

§ 31. Auftrag. Rücktrittsrecht.

I. „Auftrag" nennt das Gesetz (§ 709) eine zunächst bei letztwilligen Zuwendungen vorkommende Nebenbestimmung, kraft welcher der Bedachte zu einer Leistung verpflichtet wird. Diese Verpflichtung wird nicht direkt durch Klage erzwungen, sondern die Nicht=

erfüllung der Auflage gilt als Resolutivbedingung der Zuwendung, so daß die Klage auf Rückgabe der Zuwendung sich richtet; auch wird regelmäßig die Zuwendung nur gegen Sicherstellung der Erfüllung der Auflage ausgefolgt (§ 817). Für den Auftrag sind die Normen über Resolutivbedingungen entsprechend anzuwenden; doch geht die Auflage im Zweifel auch auf den Nachberufenen über (§ 563), was bei Bedingungen nicht gilt (§ 702). Ferner wird hier die Erfüllung weniger streng gefordert; der Bedachte verliert im Zweifel die Zuwendung nicht, wenn er dem Auftrage wenigstens „nach Möglichkeit nahe zu kommen sucht", und trotzdem die Erfüllung ohne seine Schuld unmöglich ist (§ 710). Betrifft der Auftrag ausschließlich das Interesse des Bedachten, so hat er als bloßer Rat keine recht= liche Bedeutung (§ 711). Bezweckt der Auftrag ein direktes Vermögensinteresse eines Dritten, so ist die Verfügung als Vermächtnis oder als Zahlungsmandat (§ 1019) zu behandeln.

Wie bei letztwilligen Zuwendungen, kann ein Auftrag (Auflage) auch bei einer Schenkung vorkommen, und ist hier nach § 901 nach den gleichen Rechtsregeln zu be= handeln. Die Nichterfüllung des Auftrags innerhalb der festgesetzten oder richterlich fest= zusetzenden Zeit wirkt also wie die Vereitlung einer Resolutivbedingung. Die Auflage kann auch stillschweigend durch den Anlaß oder ersichtlichen Zweck der Schenkung vereinbart werden.

Wird bei einem entgeltlichen Vertrage einer Partei eine Leistung auferlegt, die außer= halb der gewöhnlichen wirtschaftlichen Natur des Falles liegt und nur ein ideelles Interesse des Gegners berührt, so finden doch nicht die Normen über den Auftrag, sondern die über entgeltliche Geschäfte Anwendung, außer es wäre in dem entgeltlichen Vertrage auch eine Schenkung versteckt (§ 916).

II. Bei Vermögensgeschäften wird vielfach durch Nebenberedung einer Partei das Recht des Rücktritts von dem Vertrage vorbehalten, entweder nach Willkür oder bedingt für bestimmte Fälle. Für derartige Nebenberedungen beim Kaufe gibt das Gesetz teils Dispositivregeln, (§§ 1080—1083 Kauf auf Probe, 1082 f. u. a.), teils zwingende Ein= schränkungen (Wiederkauf, Rückverkauf, Vorkauf 1067—1079).

Die Verabredung des willkürlichen Rücktritts gegen eine bestimmte Leistung, Reu= geld, ist nicht mehr anwendbar, wenn die Erfüllung auch nur teilweise von einer Seite erfolgt ist (§ 909). Reugeld ist auch bei schuldhafter Unmöglichkeit der Erfüllung zu leisten (§ 911). Aus der Zahlung eines „Angeldes" ist ein Rücktrittsrecht im Zweifel noch nicht zu folgern (§ 908); ist aber nebenbei ein Rücktrittsrecht vereinbart, so gilt das An= geld als Reugeld (§ 910).

Wegen Nichterfüllung der Vertragspflicht ist ein Rücktrittsrecht dem Gläubiger gesetzlich nicht eingeräumt (§ 919). Es kann jedoch das Interesse wegen Nichterfüllung gerichtet sein auf das Abgehen vom Vertrage, was vom Gläubiger erwiesen werden muß (arg. 932). Auch kann ein Rücktrittsrecht für den Fall der Nichterfüllung oder nicht rechtzeitigen Erfüllung verabredet werden; eine solche Verabredung kann stillschweigend schon in der Natur des Geschäftes oder der Art der Festsetzung des Leistungstermins ge= legen sein (in § 919 bedeutet „ausdrücklicher Vorbehalt" nicht mehr als ersichtlich).

Für den Fall des Rücktritts des Gläubigers werden häufig Nachteile für den Schuldner festgesetzt, so Verlust des Angeldes, Verlust der schon geleisteten Raten. Gewisse Nachteile können hier wie auch sonst nicht gültig vereinbart werden (z. B. Verfall des Pfandes § 1371); bei „Ratengeschäften" (d. i. gewerbsmäßiger Verkauf von Mobilien gegen Teilzahlungen) sind unzulässig alle Straffolgen außer dem Terminverlust (Ges. v. 27. April 1896, Nr. 70, § 3).

Statt einer Resolutivbedingung, die meist im Interesse einer Partei festgesetzt wird, können die Kontrahenten dieser Partei auch ein Rücktrittsrecht gewähren, was vielfach praktisch und dem Interesse der Parteien angemessen erscheint. Die Interpretation wird namentlich dort für das Rücktrittsrecht ausfallen, wo die rechtliche Gestaltung nicht deut= lich ausgedrückt ist, wo aber stillschweigend der volle Bestand des Geschäftes abhängig ge= macht erscheint von einer bestimmten Gestaltung der Umstände (vereinbarte Voraussetzung, clausula rebus sic stantibus). Für solche Fälle ist § 901 („ausdrücklich zur Bedingung gemacht") erweiternd zu interpretieren (Pfaff clausula, S. 40 f.)

Gesetzliches Rücktrittsrecht ist auch angeordnet beim Vorvertrag (§ 936), wo es nicht ausgeschlossen werden kann; bei Depositum (§ 962 i. f.).

§ 32. Vertretung.

1. Das geschäftliche Auftreten kann durch eine andere Person vermittelt werden; sowohl die Ausübung eines Rechtes, Ausübung und Erwerb des Besitzes (§ 319), einseitige Rechtshandlungen, als auch der Vertragsschluß. Die mithelfende Tätigkeit, die eine andere Person in faktischer Beziehung leistet, wird rechtlich ebenso behandelt wie die eigene Tätigkeit des Geschäftsherrn, das bedarf keiner besonderen rechtlichen Anerkennung (z. B. in bezug auf den Tatbestand des Besitzes). Eine tatsächliche Mithilfe ist auch bei Delikten möglich mit der Folge ziviler und krimineller Verantwortung des Herrn, allerdings auch des Gehilfen (Pfersche, Sachenrecht I S. 203, 213 f.)

In bezug auf Rechtsgeschäfte nennt man den bloß tatsächlich Mithelfenden „Bote". Der Bote, der eine schriftliche Willenserklärung überbringt, braucht nicht willensfähig zu sein (so wenig wie die Brieftaube). Der Überbringer einer mündlichen Botschaft bedarf nur faktisch einer gewissen Intelligenz, um seine Aufgabe richtig zu erledigen; richtet er die Erklärung unrichtig aus, so versagt das Erklärungsmittel. Beim Vertragsschluß kann der Bote beide Willenserklärungen vermitteln (Mäkler, Sensal).

Die juristische Vermittlung eines Rechtsgeschäftes kann in doppelter Weise erfolgen: 1. durch Abschluß eines Rechtsgeschäftes im eigenen Namen des Vertreters, dessen Wirkung zunächst für den Vertreter allein entsteht, aber kraft des Vertretungsverhältnisses auf den Auftraggeber zu übertragen ist (indirekte Stellvertretung, Ersatzmann), 2. Durch Abschluß eines Rechtsgeschäftes im Namen des Vertretenen das für den Vertretenen unmittelbar wirken soll (direkte Stellvertretung), den Vertreter aber unberührt läßt.

Der erste Fall zeigt keine Besonderheit in bezug auf den Abschluß des Geschäftes; das Vertretungsverhältnis macht sich nur obligatorisch zwischen dem Vertreter und dem Vertretenen geltend, verschieden jenachdem die Vertretung veranlaßt ist durch Mandatsvertrag, freiwillige Geschäftsführung, behördliche Bestellung usw. (vgl. die Stellung des Kommissionärs nach Handelsrecht Art. 383 f.).

Der zweite Fall jedoch, der in § 1017 prinzipiell als zulässig erklärt ist, bietet Anlaß zu besonderer gesetzlicher Regelung und allgemeiner, das ganze Rechtsgebiet umfassenden Betrachtung. Es handelt sich beim Abschluß von Verträgen durch Vertreter in bezug auf Wirkung um die drei Fragen, ob die Haftung des geschäftlich auftretenden Vertreters ausgeschlossen ist, ob der Vertretene berechtigt und ob er verpflichtet wird, wobei der Begriff der Vertretungsmacht oder Vollmacht in Betracht kommt. Anderseits handelt es sich in bezug auf den Tatbestand darum, wie weit die Erfordernisse des Rechtsgeschäftes nach der Person des handelnden Vertreters oder nach der Person des beteiligten Vertretenen zu beurteilen sind.

Die Vornahme durch Stellvertreter ist bei manchen Rechtsgeschäften ausgeschlossen, so bei letztwilligen Erklärungen, während Antretung und Anschlagung der Erbschaft durch Vertreter erfolgen kann. Die Geschäfte des Familienrechts sind der Stellvertretung nur nur soweit zugänglich, als dies gesetzlich anerkannt ist; so kann nach § 76 abGb. die Ehe unter gewissen Umständen durch einen Vertreter geschlossen werden. Ob die Bestreitung der ehelichen Geburt des Kindes (§§ 156, 158) durch den Entschluß des Vertreters, z. B. des Kurators eines geisteskranken Mannes, erfolgen kann, wird überwiegend verneint.

Die Frage, wann und wie ein Vertretungsverhältnis entsteht, wird nicht in diesem Zusammenhange erörtert, namentlich kann von einer Aufzählung der Fälle der gesetzlich oder behördlich angeordneten Vertretung (Krainz § 124) abgesehen werden. Für den Abschluß von Geschäften werden die Unterschiede der Vertretungsverhältnisse teilweise von Wichtigkeit. So ist vor allem die unbeauftragte freiwillige Geschäftsführung zu scheiden von allen Fällen der legitimierten Vertretung. Bei letzterer kann es dann darauf ankommen, ob der Vertreter auftritt neben einem willens- und handlungsfähigen Subjekt (Mandat), welches das Geschäft allenfalls auch selbst hätte vornehmen können; oder ob dies nicht der Fall ist, der Vertreter daher allein für den Tatbestand der Rechtsgeschäfte in Betracht kommen kann (Kurator des Wahnsinnigen). Der zweiten Gruppe reiht sich an die rechtliche Stellung jener Organe einer juristischen Person, welche kraft der Statuten zu einer definitiven Entscheidung über Vermögensfragen der juristischen Personen berufen sind; sie sind wie gesetzliche Vertreter der juristischen Personen zu behandeln (vgl. D. BGB. § 26), gleichviel ob man sie theoretisch als Vertreter oder als Repräsentanten derselben ansehen will.

II. Die Wirkung der durch Vertretung vorgenommenen Geschäfte bestimmt sich in erster Linie nach der Willensmeinung der Handelnden, also des Vertreters und seines Gegners; diese Willensmeinung wird natürlich auch hier nach objektiver Interpretation beurteilt, was besonders wichtig wird, soweit die Interessen des Vertretenen durch das Geschäft berührt werden.

Die erste Wirkung der direkten Vertretung, daß nämlich der abschließende Vertreter gar nicht haftet, tritt immer ein, wenn der Gegner von vornherein damit einverstanden war, wofür im Zweifel der Vertreter den Beweis zu erbringen hat. Dieser Beweis ist nicht schon dadurch erbracht, daß die Vertretungsmacht des Vertreters (z. B. als Obmann eines Vereins) dem Dritten bekannt oder durch offene Vollmachtsurkunde erwiesen war; der Beweis ist anderseits nicht ausgeschlossen, wenn der Vertreter eine Vollmacht nicht vorweist oder anerkannterweise gar nicht hat. Ist die Zustimmung des Dritten zur Nichthaftung des Vertreters veranlaßt durch die vorgegebene Bevollmächtigung des Vertreters und durch die dadurch begründete Annahme der Verpflichtung des Geschäftsherrn, so muß bei Ermangelung dieser Umstände der Vertreter dem Dritten für das negative Vertragsinteresse einstehen (arg. § 1035 i. f.; doch § 1009 i. f. betrifft nur das innere Verhältnis). Nach Art. 55 HGB. haftet der angeblich bevollmächtigte Vertreter dem Dritten auf Ersatz oder auf Erfüllung des Geschäftes.

Die zweite Wirkung, daß aus dem vom Vertreter geschlossenen Geschäft ein Recht unmittelbar für den Geschäftsherrn erworben wird, hängt zwar ebenfalls ab von der Willensmeinung der abschließenden Personen, doch ist hier für ergänzende objektive Interpretationen viel mehr Anlaß und Notwendigkeit. Die Willensrichtung des Dritten ist meist durch die Sachlage von selbst gegeben. Soweit er an der Person des Gegners interessiert ist, wie bei Verkauf auf Kredit, muß er seine Leistung an jenen machen oder versprechen, dem er Kredit geben will. Ebenso ist bei allen sachenrechtlichen Geschäften, die nach österreichischem Recht einen gültigen Rechtsgrund erfordern, die Person des Erwerbers schon durch das Kausalgeschäft genügend bestimmt (Pfersche, Irrtumslehre S. 314). Soweit aber der Dritte an der Person des Rechtserwerbers gar nicht interessiert ist, wie z. B. beim Verkauf gegen Barzahlung, kommt er für unsere Interpretationsfrage meist nicht in Betracht.

Was anderseits die Willensrichtung des Vertreters betrifft, so muß dafür das innere Verhältnis zwischen ihm und dem Geschäftsherrn maßgebend sein; denn die objektive Interpretation kann die Berufung des Vertreters auf seine eigene illoyale Handlungsweise nicht gelten lassen und nicht der Beurteilung des Geschäftes zugrunde legen. Diese Erwägung wird alleinentscheidend, wo das Interesse an der Person des Berechtigten dem Dritten fehlt, wie beim Barkauf; und sie gibt in diesen letzten Fällen zugleich ein Argument — und manchmal das einzige — für die Annahme einer direkten Stellvertretung, z. B. beim Barkauf durch Angestellte uud Dienstboten mit dem Gelde des Herrn (Pfersche, Sachenrecht S. 160). Schließlich ist hinzuzufügen, daß selbst dort, wo die Annahme einer direkten Vertretung durch die Umstände ausgeschlossen ist (Kauf durch Kommissionär nach HG. Art. 360), der Rechtserwerb des Herrn an der für sein Geld oder für seine Rechnung gekauften Sache durch die Annahme eines Konstituts zu vermitteln ist (Pfersche Sachenrecht S. 160 Nr. 9, Staub-Pisko HR. II S. 377).

Auch die dritte Wirkung, die Haftung des Geschäftsherrn, ist zunächst nach den bisher erörterten Erwägungen zu beurteilen, soweit dafür nur das Geschäft zwischen dem Dritten und dem Vertreter in Betracht kommt; so wenn der Geschäftsherr das von einem unbeauftragten Geschäftsführer oder von einem Bevollmächtigten mit Überschreitung der Vollmacht geschlossenen Geschäft genehmigen und für sich in Anspruch nehmen will. Weitere Erwägungen und Normen kommen aber in Betracht, wenn der Vertretene das Geschäft ablehnen möchte und es sich nun fragt, wie weit er es gegen sich gelten lassen muß. Wir bezeichnen die rechtliche Erscheinung, daß der Vertretene die Handlungen des Vertreters gegen sich gelten lassen muß, als Vertretungsmacht oder Vollmacht des Vertreters und können daher sagen, das durch Vertretung geschlossene Geschäft verpflichtet den Vertretenen soweit als die Vertretungsmacht des Vertreters reicht (§ 1017).

III. In bezug auf die Erteilung von Vertretungsmacht seitens des Vertretenen sind eine Reihe von Rechtsstützen hier zu erwähnen, die sich aber auf die Fälle der notwendigen und der gerichtlichen Vertretung nicht beziehen (§ 1034).

Die Erteilung von Vertretungsmacht ist zunächst gleich einer im voraus erteilten Einwilligung des Vertretenen wirksam, ohne Unterschied wie sie zum Ausdruck gekommen ist und in gleicher Weise gegenüber dem Vertreter und dem Dritten. Wenn jedoch der Dritte nicht die ganze Willensmeinung des Vertretenen erfährt, sondern nur einen Teil derselben, der dem Vertreter eine weitergehende Vertretungsmacht gewährt, so muß er sich auf die ihm bekannt gewordene Willensmeinung des Vollmachtgebers verlassen können, und er wird daher demselben gegenüber berechtigt, ohne Rücksicht auf den ihm nicht bekannten Teil von dessen Willensmeinung. Wenn also der Dritte mit Rücksicht auf eine zum Vorzeigen bestimmte und vorgezeigte Urkunde „offene Vollmacht" das Geschäft mit dem Vertreter geschlossen hat, so wird ihm der Vollmachtgeber verpflichtet, auch wenn er in einer besonderen, dem Dritten unbekannten Instruktion („geheime Vollmacht" § 1017), die Anwendung der „offenen Vollmacht" eingeschränkt hat (§ 1017, vgl. auch ZPO § 32).

Wird ferner die Vertretungsmacht aufgehoben durch Widerruf oder Tod des Vollmachtgebers, so wirkt sie doch noch fort zugunsten eines Dritten, der auf Grund einer offenen Vollmacht ein Geschäft geschlossen hat, ohne die Aufhebung der Vollmacht zu wissen (§ 1026). Ähnliche Normen gibt für Prokura und Handelsvollmacht HG. Art. 43, 46, 47. Bei Aufhebung der Vollmacht durch Konkurs tritt diese erweiterte Wirkung der Vollmacht nicht ein (vgl. § 1024 und 1025).

Endlich wird anerkannt, daß die Verleihung von Vertretungsmacht öffentlich und in verbindlicher Weise auch durch konkludente Handlungen erfolgen kann; so durch die Aufstellung als Geschäftsführer (§§ 1027, 1028), das „Anvertrauen einer Verwaltung" (§ 1029). Die Überlassung des öffentlichen Verkaufes von Waren an eine Dienstperson läßt diese auch zur Annahme des Kaufpreises ermächtigt erscheinen (§ 1030 s. HGes. Art. 50, 51). Hat ein Kunde für den Kauf auf Borg bei einem bestimmten Geschäftsmann ein Einschreibebuch, so gilt der Überbringer des Buches im Zweifel als bevollmächtigt zu weiterem Kreditkauf (§ 1033.)

Anderseits stellt das Gesetz in § 1008 die zwingende Regel auf, daß ganz allgemein gehaltene und gemeinte Vollmachten doch nicht die Vertretungsmacht für alle Rechtsgeschäfte geben; vielmehr muß bei wichtigen Fällen wenigstens die Art des Geschäftes genannt sein; bei unbedingtem Antritt und bei Ausschlagung einer Erbschaft, bei Rechtsverzicht und bei Errichtung eines Gesellschaftsvertrages aber auch das konkrete Geschäft angegeben sein. Der Schlußsatz von § 1008 soll diese klare Regel auch für „unbeschränkte" Vollmachten (§ 1007) noch wiederholen (s. Prot. II S. 410), hat aber nach Abschluß der Beratung des Gesetzes eine fehlerhafte, den ersten Sätzen anscheinend widersprechende Formulierung erhalten.

IV. Die Voraussetzungen des durch Vertretung geschlossenen Geschäftes sind teils nach der Person des Geschäftsherrn, teils nach der Person des Vertreters zu beurteilen. Die Person des Geschäftsherrn ist selbstverständlich entscheidend für die Frage der Rechtsfähigkeit; aber auch für alle anderen Fragen, deren rechtliche Normierung auf persönliche Eigenschaften der sachlich beteiligten Rücksicht nimmt. So sind die Normen über Rechtsgeschäfte unter Ehegatten (Form des Notariatsaktes) auch dann anzuwenden, wenn das Geschäft durch Bevollmächtigte der Ehegatten geschlossen wird; der Charakter als Handelsgeschäft (HG. Art. 73, 74) kann nicht verändert werden durch die Person des gewählten

Vertreters. Die Handlungsfähigkeit braucht bei dem gewillkürten Vertreter nicht vollständig vorhanden zu sein (§ 1078).

Die Fragen des geschäftlichen Auftretens sind prinzipiell nach der Person des Vertreters zu beurteilen, so Abgabe und Empfang von Erklärungen, Mitteilungen (z. B. über Mängel der Kaufsache), Offerten; ferner Veranlassung des Irrtums des Gegners oder Irreführung durch den Gegner, usw. Der Irrtum über die Existenz der erfüllten Schuld, der für die Rückforderung bedingend ist (§ 1431) muß bei dem Vertreter vorhanden sein; ebenso das Wissen von den Mängeln der gekauften Sache, wenn die Gewährleistung ausgeschlossen sein soll (§§ 928, 929). Bei sachenrechtlichen Geschäften jedoch, deren Wirkung für den Geschäftsherrn von einem Dritten durch den Beweis der Unredlichkeit ausgeschlossen werden kann (vgl. §§ 368, 456), kommt nicht bloß die Unredlichkeit des Vertreters in Betracht, sondern muß auch die Unredlichkeit des Geschäftsherrn als hindernd angesehen werden; denn sonst würde die Anordnung einer Vertretung den unredlichen Erwerb allgemein erleichtern, und ferner ist auch anzunehmen, daß der Vertreter dasjenige wissen kann und soll, was der Geschäftsherr weiß, so daß hier selbst auf seiten des Vertreters ein schuldhaftes Nichtwissen vorliegt, welches die Vorteile des redlichen Erwerbs ausschließt.

V. **Einseitige Geschäfte**, welche ein Vertreter vornimmt, sind nur dann rechtlich wirksam, wenn die vorhandene Vertretungsmacht von vornherein bekannt ist oder nachgewiesen wird; dies gilt nicht nur für gerichtliche Erklärungen, wie Klageerhebung, Konkursanmeldung, Erbschaftsantritt, sondern auch für Erklärungen, die dem Gegner zur Kenntnis zu bringen sind, wie Kündigung des Darlehens, der Miete, Anmeldung von Ersatzansprüchen aus dem Depositum (§ 982).

Wird eine einseitige Erklärung von dem Gegner an einen Vertreter statt an den Geschäftsherrn gerichtet, so wird sie nur rechtlich wirksam, wenn der Anerklärte Vertretungsmacht hatte, was der Erklärende beweisen muß. Wenn ein nicht bevollmächtigter Vertreter eine Erklärung eines Dritten entgegennimmt, so hat das keine unmittelbare rechtliche Bedeutung, doch scheint der Anerklärte als Bote des Dritten, der die Genehmigung des Geschäftsherrn erwirken kann.

Widerrechtliche Handlungen und Schadenersatz.

§ 33. Allgemeines.

I. Die privatrechtliche Bedeutung unerlaubter Handlungen als solcher besteht im allgemeinen darin, daß der Täter zum Ersatz des etwa entstandenen Schadens verpflichtet wird; von dieser allgemeinen Ersatzpflicht handelt das Gesetz im 30. Hauptstücke „Von dem Rechte des Schadenersatzes und der Genugtuung". Gewisse Formen widerrechtlicher Handlungen haben auch andere privatrechtliche Folgen, die bei den einzelnen Rechtsverhältnissen normiert sind; z. B. Zwang, die Ungültigkeit des erzwungenen Rechtsgeschäftes.

Zu den Fällen, die besonders normiert sein müssen und im Gesetz auch teilweise besonders normiert sind, gehört das rechtswidrige Verhalten des Verpflichteten in bereits bestehenden Rechtsverhältnissen, namentlich des Schuldners in Geschäftsobligationen. Einige allgemeine Regeln über die Haftung des Schuldners, über Nichterfüllung oder Verletzung seiner Kontraktschuld sind allerdings auch ins 30. Hauptstück aufgenommen und dort teilweise mit der Normierung des außerkontraktlichen Verschuldens verbunden. Trotz dieser äußerlichen Verbindung hat jedoch das Gesetz die prinzipielle Verschiedenheit der kontraktlichen und der außerkontraktlichen Haftung nicht übersehen und auch im 30. Hauptstücke die beiden Anwendungsgebiete nicht als einheitliche Erscheinung behandelt, sondern sorgfältig getrennt gehalten. Diese zweifellose Beobachtung ist grundlegend für die Interpretation anscheinend umfassender Aussprüche des abGb. und für die Darstellung des österreichischen Rechtes.

Wir stellen die Verletzung bestehender Verpflichtungen gesondert dar, und schließen daran die Haftung für außerkontraktliches eigenes Verschulden, sowie die vielgestaltigen

Fälle, in welchen nach österreichischem Recht auch ohne eigenes Verschulden eine Haftung und Ersatzpflicht eintritt.

II. Allgemein geregelt ist die Abstufung des Verschuldens. Regelmäßig macht schon geringes Verschulden haftbar (§ 1295), ausgenommen den Fall des Schenkers, der für Eviktion nur bei „Wissen" haftet (§ 945). Als „geringes Versehen" gilt es, wenn jemand jenen „Grad des Fleißes und der Aufmerksamkeit" vermissen läßt, der „bei gewöhnlichen Fähigkeiten" angewendet werden kann § 1297. Das leichte Verschulden wird also zivilrechtlich nach dem landesüblichen Durchschnittsmaß beurteilt; für größere fachmännische Sorgfalt haftet man nur unter besonderen Umständen (§§ 1299, 1300, sowie nach Handelsrecht HGB. Art. 282).

Ein über das Maß von § 1297 hinausgehendes Verschulden wird im Gesetze als „auffallende Sorglosigkeit" bezeichnet und von der dritten Stufe des schuldhaften Verhaltens, der „bösen Absicht" unterschieden (§ 1324).

III. Anscheinend allgemein soll auch der Umfang der Entschädigungspflicht bestimmt und abgestuft werden in § 1324: „im Falle eines aus böser Absicht oder aus auffallender Sorglosigkeit verursachten Schadens ist der Beschädigte volle Genugtuung, zu den übrigen Fällen aber nur die eigentliche Schadloshaltung zu fordern berechtigt." Doch fordert und gestattet diese doppelte Regel einige Einschränkung.

Der erste Teil der Regel versteht unter „voller Genugtuung" nach § 1323 nicht nur den Ersatz der vollen Vermögensinteressen, sondern auch „die Tilgung der verursachten Beleidigung"; dabei war an eine Art Sühne für die persönlich empfundene Unbill gedacht (s. Pfaff in Wiener Ztschr. VIII S. 639 f.), welche natürlich nur gegenüber absichtlichen Verletzungen, nicht aber bei grobem Verschulden denkbar ist. Die Wirkungen von Dolus und grobem Verschulden sind aber trotz § 1324 nicht ganz gleich; wie auch die Haftung für letzteres vertragsmäßig ausgeschlossen werden kann (Slg. NF. 2838), nicht aber die Haftung für Dolus.

Bedenken erregt auch die zweite Regel, des § 1324, daß bei leichtem Verschulden der Ersatz nur „die eigentliche Schadloshaltung", also nach § 1323 nur „den erlittenen Schaden", nicht aber „den entgangenen Gewinn" umfassen soll. Diese Regel ist schwer vereinbar mit dem in § 1323 vorausgestellten Prinzip, daß zum Behufe des Schadenersatzes „alles in den vorigen Stand zurückversetzt" werden muß, und daß erst „wenn dies nicht tunlich ist, der Schätzungswert vergütet werden" soll, wobei selbstverständlich der Schätzungswert des Schadens, nicht etwa des beschädigten Objekts zu denken ist (s. Krainz § 92 Nr. 10). Ferner ist die Unterscheidung von Schaden und entgangenem Gewinn nicht nur logisch zweifelhaft, denn die erweisliche Aussicht auf einen wahrscheinlichen Gewinn (D. BGB. § 252) gilt allgemein als ein wirtschaftliches Gut, daher als ein Bestandteil des Vermögens, dessen Verlust eben ein Schaden ist; sondern sie ist auch praktisch nicht sicher durchführbar. Namentlich in komplizierteren Vertragsverhältnissen (wenn z. B. ein Gesellschafter oder Mandatar den Abschluß des günstigen Geschäftes vereitelt, die Eingehung einer Versicherung oder den Ankauf eines Loses versäumt), sowie beim Vertragsschluß (culpa in contrahendo vgl. Slg. NF. Nr. 2350, 2636, 2864) wird die Unterscheidung unklar und willkürlich. Daher empfiehlt es sich nicht, der Regel des § 1324 eine allgemeine und unbedingte Bedeutung beizulegen, was vielleicht bei der ersten Lesung des Gesetzentwurfes (Prot. II 186 f.) beabsichtigt war, aber im Gesetze nicht vollständig zum Ausdruck gekommen ist; richtiger erscheint es vielmehr, den unklaren und unpraktischen Gedanken des § 1324 einzuschränken und daneben jene Stellen des Gesetzes, welche eine andere Auffassung nahelegen, zu voller Geltung zu bringen (besonders § 1047, der erst nach Vollendung des Gesetzes eingefügt wurde.) Dieser prinzipielle Ausgangspunkt der Interpretation führt dazu, daß bei zweiseitigen Verträgen (s. unten § 34) auch das leichte Verschulden zur vollen Interesseleistung verpflichtet — eine Ansicht, die schon von Randa (Ger. Ztg. 1870 Nr. 7, 8, Jur. Bl. 1881 Nr. 3) vertreten und von der Praxis überwiegend angenommen worden ist. Die Praxis gelangt übrigens gelegentlich durch die etwas willkürliche Annahme eines „groben Verschuldens" zu praktisch angemessenen Entscheidungen (vgl. Slg. NF. 2291, 2520).

§ 34. Verschulden in Kontraktsfällen.

In bestehenden Verpflichtungsverhältnissen kommt widerrechtliches Verhalten des Schuldners nur negativ in Betracht, indem das Unmöglichwerden der schuldigen Leistung die Rechtspflicht aufhebt, wenn es durch Zufall, also ohne widerrechtliches Verhalten des Schuldners eingetreten ist (§ 1447). Es ist daher Sache des Schuldners, der die Erfüllung unterläßt, nachzuweisen, daß die Erfüllung unmöglich geworden und daß dies ohne seine Schuld geschehen ist (§ 1298).

Die Folgen schuldhafter Verletzung von Obligationen sind im Gesetz an vielen Punkten normiert. Als oberstes Prinzip geht aus allen Bestimmungen hervor, daß bei Nichterfüllung von Obligationen vor allem der Nachtrag oder die Ergänzung der Erfüllung nebst Ersatz der Verspätung zu leisten ist (Krainz I S. 393). In zweiter Linie ist dann statt der unmöglichen Erfüllung Ersatz zu leisten, während das Abgehen vom Vertrage wegen Nichterfüllung nur in einzelnen Fällen dem Gläubiger gestattet wird (§ 1153). Der Ersatz wegen Nichterfüllung des Vertrages sollte in Konsequenz der erwähnten Normen prinzipiell das ganze Interesse des Gläubigers umfassen; doch wird dieses Resultat fraglich durch den anscheinend allgemeinen Satz des § 1324, daß bei leichtem Verschulden nur der entstandene Schaden, nicht der entgangene Gewinn zu ersetzen sei. Nach den oben (§ 33 III) erwähnten Erwägungen ist jedoch bei Verträgen nicht von dem allgemeinen Satz des § 1324, sondern von den folgenden Spezialbestimmungen über Verträge auszugehen.

Für den Verzug des Schuldners ist für jeden Fall, also auch bei leichtem Verschulden festgesetzt, daß bei Kapitalschulden (also Darlehen, Kaufpreis usw.) nur die gesetzlichen Verzugszinsen zu entrichten sind (§ 1333), daß aber in allen übrigen Fällen die „Nebengebühren" zu entrichten sind, welche bestehen „in dem Ersatze dessen, was dem anderen daran liegt, daß die Verbindlichkeit nicht gehörig erfüllt worden" (§ 912), (ebenso § 1154 verb.: „vollkommen zu entschädigen"; vgl. dazu Prot. II S. 199, 200 gegen Pfaff Gutachten S. 105 Nr. 311).

Für den Fall des Tausches und den gleichgestellten des Kaufes (§ 1066) wird ohne Unterschied des Verschuldens angeordnet die Haftung „für Schaden und entgangenem Nutzen" (§ 1047 Slg. 10386). Ebenso lautet die Bestimmung über die Sachmiete (§ 1120). Weniger genau lauten § 1079 für das Vorkaufsrecht, und § 1283 für den Erbschaftskauf, § 1012 und 1014 für das Mandat, § 1162 für den Sachenvertrag, § 1191 für die Sozietät; jedoch erfordert es die einheitliche systematische Interpretation, daß auch diese, die genannten, gegenseitigen Verträge betreffenden, weniger deutlichen Stellen ohne Wortklauberei nach den deutlichen Normen über den Tausch (§ 1047), nicht aber nach dem scheinbar allgemeinen unklaren Gedanken des § 1324 ergänzt werden. Es bleiben also für die Anwendung des § 1324 nur die Rückgabeverträge, Hinterlegung, Leihe usw., bei welchen die Beschränkung der Haftung auf den positiven, die zu restituierende Sache betreffenden Schaden nicht unberechtigt erscheint.

Außerhalb des allgemeinen Zivilrechts betrifft die Ersatzpflicht stets das ganze erweisliche Interesse (HG., Art. 283, ZPO., § 394; s. Slg. NF. § 819), soweit nicht eine Einschränkung durch das Gesetz oder durch den Parteiwillen erfolgt. Eine solche Einschränkung ist gesetzlich angeordnet für den Frachtführer, der für Verlust oder Beschädigung des Frachtgutes nur auf den Sachwert haftet H.G., Art. 396. Ähnliche Bestimmungen enthalten die Postordnung, die Eisenbahn-Betriebsreglements usw. Auch nach der ganzen wirtschaftlichen Bedeutung eines Vertrages kann die Haftung des Schuldners stillschweigend auf den Geschäftsinhalt beschränkt und der Ersatz eines darüber hinausgehenden indirekten Schadens ausgeschlossen sein; so wird z. B. bei den Mietverträgen des kleinen Verkehrs (Droschke, Dienstmann usw.) nicht zu denken sein an eine Haftung auf das den Geschäftsinhalt überschreitende Interesse, sei es auch positiver Schaden (z. B. Versäumen des Zuges, des Termins mit Prozeßverlust).

§ 35. Außerkontraktliches Verschulden.

I. Für den Schaden, den man durch Verschulden zugefügt, haftet man **zivilrechtlich** in allen Fällen (§ 1295); die Haftung tritt auch stets **neben** der kriminellen Verantwortung ein (§§ 1338, 1339) (vgl. dazu Westgal. GB. III, § 418), und ist in manchen Fällen schon im Strafverfahren zu realisieren (§ 1340).

Die Voraussetzung außerkontraktlicher Ersatzpflicht ist also zunächst ein Verschulden, genauer eine willkürliche Handlungsweise, die objektiv dem Rechte nicht entspricht und subjektiv zurechenbar ist. Wer die außerkontraktliche Ersatzpflicht geltend macht, muß die angeführten Voraussetzungen beweisen; „im Zweifel gilt die Vermutung, daß ein Schaden ohne Verschulden eines anderen entstanden sei" (§ 1305). Der Schaden muß als Folge der Handlung des Geklagten erwiesen werden; die Haftung erstreckt sich auf alle unmittelbaren und selbst mittelbaren Folgen, da eine einschränkende gesetzliche Bestimmung fehlt.

Die objektive Rechtswidrigkeit einer Handlung erhellt regelmäßig schon aus dem eingetretenen Schaden. Es kann aber auch eine schädigende Handlung nicht rechtswidrig sein; so wenn sie besteht in der Ausübung eines konkreten Rechtes innerhalb der gesetzlichen Schranken (§ 1305), in Ausübung der Notwehr innerhalb der zulässigen Grenzen (s. oben und D. BGB., § 227) oder in Ausübung obrigkeitlicher Befugnis (z. B. zum Schutz des Gemeingebrauchs). Auch die direkte oder indirekte Einwilligung des Geschädigten schließt die zivilrechtliche Ersatzpflicht aus, wie etwa bei Verletzung im Duell (vgl. Ges. v. 16. März 1892, Nr. 64, § 1; Arbeiter-Unfallversicherungsgesetz § 6 i. f.).

Ist die objektive Widerrechtlichkeit der Beschädigung erwiesen, so kann der Täter die Ersatzpflicht ablehnen, wenn er den Mangel seiner Handlungsfähigkeit nachweist. Es genügt dazu eine vorübergehende „Sinnesverwirrung" (§ 1387), wenn sie der Täter nicht selbst schuldbarerweise veranlaßt hat; es genügt auch der Nachweis eines entschuldbaren Irrtums.

II. Die Ersatzpflicht tritt immer ein, wenn der schädigende Erfolg **absichtlich** oder durch „**auffallende Sorglosigkeit**" (§ 1324) herbeigeführt worden ist. Nach § 1297 besteht aber auch eine **allgemeine** Pflicht zur Sorgfalt nach landesüblichem Durchschnitt (s. oben § 33) gegenüber fremden Rechten, deren unabsichtliche Verletzung also ebenfalls haftbar macht. Eine solche Pflicht zur Sorgfalt besteht im römischen Recht nur gegenüber fremden Personen und Sachen; das österreichische Recht dehnt sie aus auf alle fremden Rechte (wie auch D. BGB. 823). Über körperlichen Schaden hinaus wird daher haftbar machen die Nachlässigkeit bei Vertragsverhandlungen (culpa in contrahendo), welche die Ungültigkeit des Geschäftes veranlaßt, sowie die culpos erfolgende Verletzung des Kredits oder der Geschäftsehre, die materiellen Nachteil bringt (vgl. D. BGB. 824), ein Fall, der wohl nur gezwungen als Beleidigung nach § 1330 aufzufassen wäre.

Zu der allgemeinen Sorgfaltspflicht ist aber einschränkend zweierlei zu erwähnen. Erstens verpflichtet das Erteilen eines Rates (Auskunft, Mitteilung usw.) an sich nicht zur Sorgfalt gegenüber dem Beratenen (§ 1300). Man wird nur haftbar, wenn man wissentlich einen solchen Rat erteilt (§ 1300); oder wenn die Erteilung der Auskunft unter besonderen verpflichtenden Umständen erfolgt, z. B. gegen Entgelt oder bei Abschluß eines Vertrages unter den Parteien (culpa in contrahendo). So haftet kraft ihrer besonderen Stellung gegenüber dem Publikum die Eisenbahn für die Auskunft über ihre Tarife (Slg. NF., § 332); ferner der Aussteller oder Akzeptant eines Wechsels für die Auskunft über die Echtheit seiner Unterschrift (arg § 1396, f. Slg. NF. 378).

Zweitens sind Obligationen einer Verletzung durch einen anderen als den Schuldner nicht zugänglich (vgl. Slg. NF. 2613); nur ausnahmsweise sind Spezialbestimmungen gegen Mitwirkung Dritter bei Obligationsverletzungen gegeben, so Gewerbeordnung (§ 86), Dienstbotenordnung f. Böhmen (§ 32).

III. Was die Beteiligung mehrerer an außerkontraktlicher Beschädigung betrifft, so haften sie solidarisch, wenn der Schaden „vorsätzlich" zugefügt worden ist; in diesem Punkte kann eine Gleichstellung des dolus mit dem schweren Verschulden nicht stattfinden (§§ 1301, 1302). Eine solidarische Haftung muß auch bei kulposer Verletzung dann ein=

treten, wenn die Verantwortlichkeit sich nicht nach Teilen feststellen läßt. Doch gewährt das Gesetz den mehreren Tätern in allen Fällen einen gegenseitigen Regreßanspruch. Die Verletzung einer gemeinsamen Vertragspflicht ist aus dem Vertragsverhältnis zu beurteilen (§ 1303.)

IV. Die Ersatzpflicht ist in ihrem Umfange eigentlich von selbst gegeben durch das Interesse des Beschädigten. Doch wird dieselbe wie schon oben (S. 60) erwähnt einerseits bei leichten Versehen auf den Ersatz des positiven Schadens gemindert, anderseits bei bewußt widerrechtlicher Schädigung ausgedehnt auf „die Tilgung der verursachten Beleidigung" (§ 1323). Darunter sollte nach der Entstehungsgeschichte des Gesetzes eine Geldleistung verstanden werden, welche als Ausgleich der erlittenen Kränkung dienen sollte, wie das speziell für das Schmerzensgeld bei körperlicher Beschädigung anerkannt ist. Bei Beleidigungen konnte unter diesem Gesichtspunkte auch eine Wiederherstellung des gekränkten Ansehens durch Abbitte usw. gerechnet werden (vgl. dazu besonders Pfaff in Wiener Ztschr. VIII, S. 639 f.).

Das Gesetz begnügt sich aber nicht mit den allgemeinen Bestimmungen über die Ersatzleistung, sondern spezifiziert in praktischer Weise den bei einzelnen Verletzungen zu gewährenden Ersatz; ob diese speziellen Bestimmungen Ausführungen der generellen Regel oder Abänderungen derselben sind, ist bestritten, aber für das praktische Resultat gleichgültig.

Bei Körperverletzungen erstreckt sich der Ersatz ohne Unterschied der Fälle, also auch bei leichtem Verschulden, auf die Heilungskosten, auf den entgangenen und künftig entgehenden Verdienst, endlich auf ein Schmerzensgeld (§ 1325) und sogar eine billige Vergütung wegen Verunstaltung (§ 1326). Bei der Tötung eines Menschen ist in allen Fällen auch zu ersetzen, was der Frau und den Kindern des Getöteten für die Zukunft entgeht; eine analoge Erweiterung dieser Bestimmung auf andere Interessenten erscheint wohl nicht angemessen (vgl. Slg. § 13789).

Verletzungen „an der Ehre" verpflichten auch zum Ersatz des mit der persönlichen Kränkung etwa konkurrierenden Vermögensnachteils. Wenn § 1330 dabei ohne Unterschied der Fälle den Ersatz von Schaden und entgangenem Gewinn zuspricht, so ergibt sich daraus nur, daß das Gesetz den Begriff der „Ehrenbeleidigung" auf doloses Handeln beschränkt, sonst wäre der Widerspruch mit § 1324 gar zu grell (anders Krainz II, § 396).

Die außerkontraktliche Sachbeschädigung verpflichtet bei leichtem Verschulden nur zum Ersatz des Sachwertes (§ 1332); dabei ist natürlich an den Anschaffungspreis einer entsprechenden Sache zu denken (f. oben § 16). Diese Ersatzpflicht fällt begrifflich nicht zusammen mit dem „wirklichen Schaden", sie kann auch geringer sein als der wirkliche Schaden (z. B. bei versprochener Konventionalstrafe); wir finden also hier nicht eine Anwendung der scheinbar allgemeinen Regel des § 1324, sondern eine Abweichung von derselben, die vermutlich gar nicht beabsichtigt war. Nach neueren Gesetzen haftet man für schuldhafte Vermögensverletzungen auch bei jedem Versehen für das volle Interesse, so nach PatGes., § 100, nach Autorrecht, §§ 57, 60, nach EO., § 394, (Slg. NF. 819).

V. Eine Einschränkung der an sich begründeten Ersatzpflicht kann eintreten, wenn auch das Verhalten des Beschädigten auf den Eintritt oder den Umfang des Schadens eingewirkt hat (§ 1304). Doch ist diese Einschränkung in dem Fall einer absichtlichen Beschädigung sowohl nach allgemeinen Erwägungen als nach der Fassung des Gesetzes nicht anzuwenden. Die Einschränkung soll erfolgen nach dem Verhältnis des beiderseitigen „Verschuldens", und wenn sich dieses Verhältnis nicht genau feststellen läßt, nach gleichen Teilen; es kann jedoch ein Überwiegen der Schuld des Beschädigten vorliegen, welches jeden Ersatz ausschließt. In bezug auf den außerkontraktlich Beschädigten kann der Ausdruck „Verschulden" nicht die gleiche Bedeutung haben, wie in Bezug auf den Schädiger, es bedarf dabei keiner Rechtswidrigkeit, es genügt objektive Veranlassung; daher ist auch Handlungsfähigkeit des Beschädigten nicht erforderlich (Slg. NF. § 2802).

§ 36. Sonstige Ersatzpflichten.

I. Die allgemeine Regel, daß man für jeden verschuldeten Schaden zu haften hat, bedarf noch einiger Erweiterungen und wird durch eine Reihe gesetzlicher Normen ergänzt, welche eine Ersatzpflicht auch für Fälle nicht verschuldeten Schadens statuieren. Eine logische Gruppierung dieser das Schuldprinzip erweiternden Bestimmungen ist in verschiedener Weise versucht worden; wir begnügen uns nach äußerlichen Gesichtspunkten folgendes zusammenzustellen.

II. Kraft eigenen Verschuldens, also nach allgemeiner Regel, haftet man für den von anderen Personen gemachten Schaden, wenn man gegen verwaltungsrechtliche Normen gehandelt hat; also einem Verbrecher Aufenthalt gegeben, Dienstleute ohne Zeugnis aufgenommen, oder gefährliche Personen wissentlich im Dienste behält und zu Geschäften verwendet (§ 1314); endlich wenn man Unzurechnungsfähige nicht genügend beaufsichtigt (§ 1309).

III. Der Geschäftsmann, welcher Angestellte zur Ausführung eines Geschäftes verwendet, haftet im allgemeinen nicht für den von seinen Angestellten verursachten außerkontraktlichen, d. h. außerhalb des Geschäftes, für das sie bestellt sind, verursachten Schaden. Nur Wirte, Schiffer, Fuhrleute verantworten nach § 1316 auch den außerkontraktlichen deliktischen Schaden, den ihre Angestellten an Sachen der Reisenden verüben. Und der Inhaber einer Wohnung haftet für den Schaden, der durch Fallen, Werfen, Gießen aus seiner Wohnung geschieht, gleichviel, wer zu diesem Vorgange die Veranlassung gegeben hat.

IV. Die allgemeine Regel, daß man für alle, auch die zufälligen Folgen einer Handlungsweise einsteht, wenn die Handlung an sich eine schuldhaft widerrechtliche ist, wird erweitert im § 1311. „Hat jemand ein Gesetz, das den zufälligen Beschädigungen vorzubeugen sucht, übertreten oder sich ohne Not in fremde Geschäfte gemengt, so haftet er für allen Nachteil, welcher außer dem nicht erfolgt wäre."

Aber eine Haftung für Zufälle tritt auch ein in manchen anderen Fällen, in welchen von Widerrechtlichkeit nicht mehr die Rede ist; diese Fälle beruhen im allgemeinen auf dem Gedanken, daß die dem Interesse des einen dienende Handlung offenbar die Interessen eines anderen gefährden kann, daher nur auf Gefahr des Handelnden erfolgen soll (s. Unger „Handeln auf eigene Gefahr" 1893).

Notstandshandlungen sind nicht rechtswidrig, verpflichten aber zum Ersatz, im Gegensatz zur Notwehr, bei welcher die Gefahr durch das beschädigte Subjekt oder Objekt veranlaßt und daher von demselben zu tragen ist. Eine Anwendung dieser Regel ist ausdrücklich ausgesprochen im Wasserrecht (Reichswassergesetz, § 9).

Eingriffe in fremdes Eigentum (Abholen, Wegnehmen) sind vielfach rechtlich gestattet, wobei die Ersatzpflicht für eventuellen Schaden zweifellos nicht den Eigentümer trifft. Ebenso sind Verfügungen über fremde Sachen nicht immer verboten, haben aber auf eigene Gefahr des Verfügenden zu geschehen, so namentlich die Weiterverpfändung des Mobiliarpfandes (§§ 454, 460).

Wer seine eigene Sache in besonders weitgehender Art verwenden will, wozu er eine besondere behördliche Gestattung braucht, hat auch die aus der besonderen Verwendung für die Umgebung hervorgehenden Nachteile selbst zu tragen; dies ist für die wichtigsten Vorkommnisse gesetzlich ausgesprochen, z. B. beim Bergbau, bei Eisenbahnen, ist aber auch in anderen Fällen behördlicher Konzessionierung von Unternehmungen anzuwenden.

V. Wenn ein Schaden veranlaßt wird durch rechtswidrige Handlungen von Personen, deren Verantwortlichkeit ausgeschlossen ist (wozu aber minderjährige nicht gehören § 866), so findet nach allgemeinen Regeln ein Ersatzanspruch nicht statt. Doch gewährt das Gesetz für solche Fälle dem Richter die Befugnis, ausnahmsweise eine Ersatzpflicht nach Billigkeit anzuordnen unter Berücksichtigung der Umstände; so ob etwa der Beschädigte aus Schonung des Beschädigers die Verteidigung gegen den Schaden unterlassen hat oder mit Rücksicht auf die Vermögensverhältnisse des Beschädigers und des Beschädigten (§ 1310).

Der Zeitablauf.

§ 37. Zeitberechnung.

I. Die Zeit kann neben anderen Umständen für rechtliche Vorgänge entscheidend sein, sowohl für die Zeitbestimmung einzelner Vorgänge als für die Bestimmung des Zeitabstandes zwischen verschiedenen Vorgängen.

Der Zeitpunkt, wann ein Vorgang eingetreten ist, wird nach dem Kalender bezeichnet. Für rechtliche Fragen genügt meist die Bestimmung des Tages; nur wenn die Reihenfolge mehrerer Vorgänge in Frage kommt, wird auch innerhalb eines Tages genauere Angabe nötig; so bei Priorität des Todes, bei Einlangen mehrerer Grundbuchsgesuche (GBGes. § 103). Auch der Zeitpunkt, wann ein einzelner Vorgang innerhalb des Weltlaufes erfolgen soll, wird in der in europäischen Ländern üblichen Weise nach dem Kalender bestimmt, so Wohnungskündigung am 1. Februar und 1. November. Der fragliche Zeitpunkt kann ungenau angegeben sein, dann bedarf es der Interpretation, z. B. Mitte Juli wird als der 15. Juli angenommen (WO. § 30, D. BGB. § 192).

Die Bestimmung des zeitlichen Abstandes zweier Vorgänge, die in Gesetzen oder Geschäften vorkommt, bedarf vielfach der Interpretation, es kann sowohl die geforderte Größe des Zeitabstandes fraglich sein, als auch die Art von wann bis wohin zu messen sei.

II. Das Gesetz gibt im § 902 die (schief gefaßte) Regel, daß „nach dem Gesetze" unter einem Tag 24 Stunden, unter einem Monat 30 Tage, unter einem Jahr 365 Tage zu verstehen sind. Diese Regel, die mit Ausnahme des Tages durchaus nicht der im Verkehr seit jeher bestehenden Auffassung entspricht, ist auf die Zeitbestimmungen des abGb. einzuschränken. Daher beträgt die gesetzliche Frist von drei Monaten (§§ 156, 158) stets 90 Tage; sechs Monate (§§ 157, 163) stets 180 Tage. Die dreißigjährige Verjährungsfrist des Gesetzes endet schon 6—8 Tage vor dem gleichnamigen Kalendertag ihres Beginnes wegen der in die Frist fallenden Schalttage. Jedoch hat man sich von dieser unpraktischen Berechnung emanzipiert bei Bestimmung der Altersgrenzen, in Erwägung, daß diese in § 21 ausdrücklich nach vollendeten „Lebensjahren" bemessen sind, welche nach allgemeiner Auffassung selbstverständlich durch die Kalenderzeit bestimmt werden.

Rechtsgeschäftliche Zeitbestimmungen sind nicht nach § 902, sondern nach der Absicht der Parteien auszulegen; dabei kommt zunächst die im Verkehr seit jeher übliche Auffassung in Betracht, wonach ein Monat einen Zeitraum bis zu dem mit dem Anfangstage gleichbezeichneten Tage des nächsten Kalendermonats bedeutet, ein Jahr den Zeitraum bis zum gleichbenannten Tage des nächsten Kalenderjahres. Die gleiche Auffassung ist in neueren Gesetzen für gesetzliche, richterliche und geschäftliche Fristen als Auslegungsregel vorgeschrieben, mit der Ergänzung, daß die Frist mit dem letzten Tage eines Monates endet, wenn in diesem Monat der dem Anfangstag gleichbezeichnete Tag fehlt (WO. Art. 32, HGB. Art. 328, ZPr. § 125; D. BGB. 193).

III. Was die Bemessung von Zeitabständen betrifft, so ist vielfach die Möglichkeit gegeben, den Anfangspunkt des Zeitlaufes innerhalb eines Kalendertages genauer zu bestimmen, so daß dann die Bemessung in genauer Weise (a momento ad momentum) bis zu dem gleichen Zeitpunkte innerhalb eines späteren Kalendertages erfolgen könnte. Das Recht macht aber von dieser Möglichkeit nur ausnahmsweise Gebrauch, so wenn der Zeitabstand von den Parteien nach weniger als 24 Stunden bezeichnet ist, oder wenn gesetzlich eine genaue Einhaltung einer kurzen Frist beabsichtigt wird (z. B. Frist der Räumung von Mietwohnungen um 12 Uhr Mittags (ZPO., § 573). Auch die vom abGb. gegebene Frist von 24 Stunden (§§ 862, 924, 1075, 1116) wird, soweit möglich, genau zu berechnen sein; wäre jedoch der Anfangspunkt nicht sicher erweislich, so ist der nächste Tag mit Beschränkung auf die übliche Geschäftszeit zu rechnen.

Die juristische Berechnung nimmt regelmäßig den Kalendertag von Mitternacht bis Mitternacht als Zeiteinheit, so daß die Messung eines Zeitabstandes stets von einem vollendeten Kalendertag beginnt, auch dann, wenn als Beginn vom Gesetze oder von der

Partei nicht ein Kalendertag, sondern ein bestimmtes Ereignis innerhalb eines Kalendertages (Kenntnisnahme von Geburten, Beschädigung, Protestation des Wechsels) genannt ist (arg. § 903). Der Kalendertag, in den der Zeitpunkt oder das Ereignis fällt, von dem aus ein Zeitabstand zu berechnen ist, wird regelmäßig in den Zeitabstand nicht eingerechnet. Das ist bei einer nicht genau berechneten Frist von 24 Stunden selbstverständlich; wird aber auch bei längeren Fristen ohne ausdrückliche Anordnung des abGb. angenommen; ist in Art. 32 WO., § 125 ZPO. ausdrücklich bestimmt. Kalendermäßig bestimmte Zeiträume haben also als letzten Tag jenen, welcher dem Datum des Anfangstages entspricht.

Nur bei Bestimmung des Lebensalters wird nach allgemeiner Auffassung der Kalendertag der Geburt schon als erster Lebenstag gerechnet, ist also ein Lebensjahr vollendet mit Ablauf des dem Geburtstage vorhergehenden Tages.

IV. Ein Zeitraum wird erst mit dem Ende seines letzten Zeitteils vollendet, bei juristischer Berechnung also mit dem Ende des letzten Kalendertages; das ist keine Rechtsregel, sondern eine begriffliche Konsequenz. Es ist daher selbstverständlich, daß eine Rechtshandlung, die innerhalb eines bestimmten Zeitraumes erfolgen soll oder kann, noch während des ganzen letzten Kalendertages erfolgen kann; nur ergibt sich vielfach die natürliche Beschränkung von Geschäftsakten auf die Geschäftszeit. Es kann ferner eine Rechtsfolge, die an den Ablauf eines Zeitraumes geknüpft ist, erst mit dem Ende des letzten Kalendertages eintreten; keine Ausnahme davon bildet § 903: „Ein Recht, dessen Erwerb an einen gewissen Tag gebunden ist, wird mit dem Anfang des Tages erworben", da hier nur die im Gesetz nicht allgemein ausgesprochene Regel der Zivilkomputation für den Fall des Rechtserwerbs konstatiert werden soll (z. B. Legat an Diener des Erblassers an jedem Todestag, den er erlebt, vgl. auch § 1418). Die erweiternde Auslegung des § 903 auf Fälle des Rechtserwerbs durch Ablauf eines Zeitraumes (Ersitzung) ist weder historisch noch sachlich begründet.

Manche Rechtsfolgen sind geknüpft an den Ablauf von ganzen Kalenderjahren, so im Autorrecht, im Patentrecht, im Gesetz über Erwerbs- und Wirtschaftsgenossenschaften.

Das österreichische Recht rechnet regelmäßig mit ununterbrochenen Zeiträumen, nur in prozessualen Fristen (ZPO., § 126), im Handelsrecht, Art. 329 und Wechselrecht, Art. 92 bewirkt ein an den Schluß der Frist fallender Sonn- oder Feiertag eine Verlängerung der Frist um einen Kalendertag. Ob der Postlauf einer schriftlichen Erklärung in eine Frist einzurechnen sei, betrifft nicht mehr die Berechnung der Zeit, sondern die Bestimmung des Ereignisses, das in die Frist fallen soll (s. dazu Krainz, § 142, Nr. 34; WO., Art. 45).

§ 38. Die Anspruchsverjährung.

I. Das Gesetz versteht unter Verjährung den Rechtsverlust durch Zeitablauf, faßt also unter diesem Ausdruck sowohl die Klagenverjährung als auch die Aufhebung von Rechten durch Nichtgebrauch zusammen. Diese Bezeichnung ist insofern nicht ganz richtig, als die Klagenverjährung das Rechtsverhältnis nicht vollständig aufhebt, sondern als klaglos mit gewissen Nebenwirkungen fortbestehen läßt, und als die Verjährung von dem Gegner des Berechtigten einzuwenden und zu beweisen ist (§ 1501). In der folgenden Darstellung werden diese beiden Fälle getrennt behandelt.

II. Alle privatrechtlichen Ansprüche, oder Klagen im materiellen Sinne, sind prinzipiell verjährbar, obligatorische sowie sachenrechtliche (Eigentumsklagen arg. § 1493). Als unverjährbar bezeichnet das Gesetz (§ 1481) die Ansprüche aus Familienverhältnissen (z. B. auf Alimentation), den Anspruch auf Teilung des Miteigentums und auf Grenzberichtigung; die durch Faustpfand gedeckten Ansprüche verjähren zwar, doch wird dadurch das Pfandrecht nicht aufgehoben (§ 1483), dem Pfandgläubiger bleibt noch die Pfandverfolgung ohne persönlichen Anspruch.

Als unverjährbar pflegt man auch zu nennen die Anerkennungs-, und Feststellungsklagen, was zwar richtig, aber wohl selbstverständlich erscheint, weil hier kein selbständiger privatrechtlicher Anspruch geltend gemacht und keine Leistung gefordert, sondern nur ein prozessualer Effekt erstrebt wird. Auch die im Prozeßwege erfolgende Anfechtung der Gültigkeit eines Rechtsgeschäftes gehört nicht zu den eigentlichen materiellen Klagen und unterliegt nur soweit einer Befristung oder Verjährung als diese im Gesetz ausdrücklich angeordnet ist. Für die Anfechtung der Ehe fehlt es an einer solchen Bestimmung; die übrigen Fälle sind in § 1487 an eine dreijährige Frist gebunden.

Unbestritten ist endlich die Unverjährbarkeit der Tabularklagen, welche die Änderung eines materiell ungerechtfertigten Buchstandes betreffen (arg. GBGes., § 118 f.); die Begründung dieses Satzes ist bestritten. Wir betrachten diese Klagen ihrem Wesen nach als Feststellungsklagen und unterscheiden sie von den Klagen auf „Einräumung, Übertragung, Beschränkung oder Aufhebung eines bücherlichen Rechtes" (ED., § 350); denn letztere sollen eine sachliche Änderung erst hervorbringen, erstere setzen die dem Buchstande widerstreitenden sachenrechtlichen Änderungen bereits als eingetreten voraus.

Die Frage, ob auch Einreden verjähren, ist unrichtig formuliert. Der Anspruch verjährt, soweit nicht das Gesetz eine Ausnahme anordnet, er verjährt auch dann, wenn er einredeweise benützt werden könnte (z. B. Gewährleistung gegen Kaufklage). Die Einrede der Kompensation verjährt allerdings nicht, doch nur deshalb nicht, weil die Geltendmachung der Kompensation die beiden Forderungen von ihrem Gegenüberstehen an mit Rückwirkung aufhebt (§ 1438).

III. Die Verjährung beginnt nach § 1478 sobald „das Recht an sich schon hätte ausgeübt werden können". Die Verjährung des obligatorischen Anspruchs beginnt also sobald derselbe fällig ist, z. B. nach Eintritt der Bedingung oder Befristung, oder sobald seine Fälligkeit nur von dem Willen des Berechtigten abhängt z. B. von Vornahme der Kündigung, Anbieten der Gegenleistungen (§ 1052), Mahnung des Hauptschuldners (§ 1355). Der Rückforderungsanspruch des Verpfänders auf Rückgabe der Pfandsache (§ 1369) gilt als bedingt durch das Erlöschen der Pfandschuld und beginnt erst mit deren Tilgung zu verjähren. Sachenrechtliche Ansprüche beginnen zu verjähren, sobald das Sachenrecht verletzt ist, z. B. ein dem Verbotsrechte widerstreitender Zustand hergestellt ist. Bei Rechten auf wiederkehrende Leistung hat der Anspruch auf jede Rate seinen eigenen Anfang der Verjährung, ebenso hat der Anspruch auf Nebenleistung eine besondere Verjährung neben dem Anspruch auf die Hauptleistung; mit der Verjährung des Hauptanspruches aber fallen die Nebenansprüche von selbst weg.

IV. Dauer. Die regelmäßige Verjährung erfordert 30 Jahre, gegenüber begünstigten Personen aber 40 Jahre (§§ 1478, 1485). Begünstigt sind nach § 1472 der Fiskus, Kirchen, Gemeinden und „andere erlaubte Körper", also alle juristischen Personen. Die längere Frist gilt auch gegen den begünstigten Gegner und für eine mit einer begünstigten in Gemeinschaft stehende natürliche Person (§ 1473). Sukzediert eine begünstigte Person einer Nichtbegünstigten (eine Stiftung nach dem Erblasser), so wird die begonnene Verjährung ihr gegenüber erst in 40 Jahren vollendet, im umgekehrten Falle in 30 Jahren. Für manche Anstalten, z. B. Sparkassen gelten besondere Bestimmungen.

Eine **dreijährige** Verjährungsfrist gilt außer für die vorerwähnten Anfechtungsklagen (§ 1487), auch für „Forderungen von rückständigen jährlichen Abgaben, Zinsen, Renten oder Dienstleistungen" (§ 1480.) Jede einzelne Terminleistung verjährt in 3 Jahren ohne Unterschied, ob sie gesetzlich oder vertragsmäßig begründet, ob sie eine Hauptpflicht oder Nebenleistung ist; für Lohnforderungen gilt jedoch diese kürzere Verjährungsfrist nicht (Hb. v. 10. April 1839). Auch wenn die Leistungstermine kürzer als ein Jahr sind, ist § 1480 anwendbar, jedoch nicht dann, wenn sie länger als ein Jahr sind. Leistungen, die nicht nach der Zeit, sondern nach anderen, wenn auch regelmäßig eintretenden Ereignissen, bestimmt sind (z. B. Abgabe von jedem Brau, Slg. 2098), unterliegen nicht der kürzeren Verjährungszeit.

Bezüglich öffentlicher Schuldverschreibungen bestehen besondere Vorschriften, ebenso bezüglich der Zinsen von Sparkasseneinlagen, die statutenmäßig zum Kapital zugeschlagen werden.

Klagen wegen tätlicher Beleidigung dauern 3 Jahre, wegen anderer Beleidigungen nur 1 Jahr (§ 1490).

Einen besonderen Verjährungsfall normiert § 1489: „Entschädigungsklagen", die normal in 30 Jahren von der Beschädigung an verjähren, sollen schon in 3 Jahren erlöschen von der Zeit an, „zu welcher der Schaden dem Beschädigten bekannt gemacht wurde, außer wenn der Schaden aus einem Verbrechen entstanden ist." Die allgemeinen Erfordernisse der Verjährung, also Möglichkeit der Klageanstellung und dazu Bekanntsein des Täters müssen neben dem Bekanntwerden des Schadens selbstverständlich vorhanden sein. Der Ausdruck „Entschädigungsklagen" ist unglücklich gewählt, eine klare Bedeutung desselben läßt sich weder historisch nach dem damaligen, noch nach dem jetzigen Sprachgebrauch gewinnen. Daher ist bestritten, ob § 1489 nur die Klagen betrifft, die auf eine widerrechtliche Beschädigung gegründet sind (§ 859 i. f.) oder alle Klagen, die eine Entschädigung (d. h. Schadenersatz) begehren; ob also auch Ansprüche aus Verträgen oder aus dem Gesetz (z. B. Eigentumsanspruch, Slg. N. F. 2540) dazu gehören, sobald der Schuldner erklärt, die Erfüllung nicht in Natur machen zu können, ob endlich vielleicht sogar Klagen auf Konventionalstrafen oder Versicherungsbeträge dazuzurechnen sind. Da die zweite, in der Praxis früher bevorzugte Auffassung zu absurden Resultaten führen kann und völlige Unsicherheit darüber veranlaßt, wann eine Klage Erfüllungs- oder Entschädigungsklage ist, so wird die erste Auffassung, also die Beschränkung auf Beschädigungsansprüche vorzuziehen sein mit der Ergänzung, daß auch in einem Kontraktsverhältnis eine Klage wegen erfolgter Beschädigung (actio legis Aquiliae) angestellt werden kann, und daß dem Deponenten und Vermieter nach Rückgabe der Sache nur mehr eine solche Beschädigungsklage zusteht (s. dazu die überzeugende Darstellung von v. Schey „Verjährung der Entschädigungsklage nach § 1489", Wien 1904).

Eine Frist von 3 Jahren wird endlich noch in § 1488 bestimmt, betrifft jedoch einen Fall, welcher sich bereits der Gebrauchsverjährung nähert. Wird nämlich die Ausübung einer Servitut von dem Gegner gehindert und von dem Berechtigten die Servitutenklage oder die Besitzklage durch 3 Jahre nicht angestellt, so ist sein Anspruch verjährt. Vorausgesetzt ist hiebei eine Besitzentziehung (Pfersche, Sachenrecht § 243); eine ohne Klage weiter dauernde Ausübung der Servitut zeigt aber den Besitz als fortdauernd und macht die Klage überflüssig, so daß von einer Klageverjährung nicht weiter die Rede sein kann; durch diese natürliche Konsequenz reicht der vorliegende Fall über die Klageverjährung hinaus.

Ein Wechsel in der Person des Verpflichteten durch Universal- und Singularsukzession hat selbstverständlich keinen Einfluß auf die begonnene Verjährung von obligatorischen Ansprüchen; bei sachenrechtlichen Ansprüchen aber, wo der Beklagte durch die Tatsache des objektiv rechtswidrigen Habens, usw. bestimmt wird, erscheint der Anspruch gegen den Singularsukzessor als ein neuer, es bedarf daher einer besonderen gesetzlichen Regel (§ 1493), damit auch hier eine Zusammenrechnung der gegenüber verschiedenen Gegnern abgelaufenen Verjährungszeit stattfindet, wobei es auf die Art der Nachfolge (Titel, Guter Glaube) nicht ankommt.

V. Hemmung. Trotz Vorhandenseins der sonstigen Erfordernisse kann die Verjährung nicht beginnen oder die begonnene nicht fortgesetzt oder vollendet werden, wenn einer der folgenden Umstände vorliegt.

Zugunsten von Geisteskranken und von Pupillen (nicht von Verschwendern) verfügt § 1494, daß die Verjährung nicht beginnt, wenn und solange sie keinen gesetzlichen Vertreter haben; und daß eine begonnene Verjährung zwar fortläuft, aber nicht früher vollendet wird, als 2 Jahre „nach den gehobenen Hindernissen", nämlich nach Einsetzung einer gesetzlichen Vertretung oder nach Beendigung der Krankheit oder Minderjährigkeit.

Ferner kann nach § 1495 zwischen Ehegatten, zwischen Kindern und Eltern, Mündeln und Vormündern die Verjährung weder beginnen noch fortlaufen, solange das Verhältnis dauert. Ebenso hemmt der Gerichtsstillstand und die durch Staats- oder Kriegsdienst veranlaßte Abwesenheit des Berechtigten von seinem Wohnorte die Verjährung (§ 1496). Ob er einen bevollmächtigten Vertreter zurückgelassen hat, ist bedeutungslos.

Die Anmeldung des Anspruches im Konkurs und die Einleitung des Mahnverfahrens hemmt den Lauf der Verjährung auch, wenn ein weiterer Erfolg infolge der Bestreitung dieser Rechtsakte durch sie nicht erzielt worden ist.

Besondere Bestimmungen bestehen bezüglich der Verjährung von Ratengeschäften und von Ansprüchen gegen Eisenbahnen.

VI. Unterbrechung. Die begonnene Verjährung wird unterbrochen, d. h. der bisherige Zeitablauf verliert seine rechtliche Bedeutung (§ 1489) in folgenden Fällen.

Durch ausdrückliche oder stillschweigende Anerkennung des verjährenden Anspruches seitens des Verpflichteten, z. B. Ausstellung eines Schuldscheines, Erfüllung eines Versprechens, Vereinbarung einer Frist, Bestellung von Pfand oder Bürgschaft, Zinszahlung, Teilzahlung.

Ebenso durch die rechtliche Geltendmachung des Anspruches seitens des Berechtigten oder seines Vertreters. Eine außergerichtliche Geltendmachung genügt nicht, außer wenn sie sich mit einem der früher erwähnten Vorgänge verbindet; auch nicht die Geltendmachung im außerstreitigen Verfahren (z. B. bei der Verlassenschaftsabhandlung). Als rechtliche Geltendmachung des Anspruches erscheint nur die Einbringung einer Klage, die Anmeldung im Konkurs, das Ansuchen um das Mahnverfahren und die Einwendung der Kompensation. Die Unterbrechung durch diese gerichtlichen Akte tritt jedoch nur dann ein, wenn dieselben „gehörig fortgesetzt" werden und zu einem günstigen Erfolge führen; wird die Klage abgewiesen, das Verfahren resultatlos liegen gelassen, so gilt die Unterbrechung als nicht erfolgt. Die Wiederaufnahme des Prozesses restituiert auch die Unterbrechung der Verjährung seit der Einbringung der ersten Klage (EGes. zur ZPO. Art. 46).

§ 39. Gebrauchsverjährung.

Durch Nichtgebrauch erlöschen nach § 1479 „alle Rechte gegen einen Dritten". Doch bleibt von dieser allgemeinen Regel wenig übrig, da die Familienrechte und die anderen schon erwähnten Ausnahmen der Verjährung wegfallen; da ferner das Eigentum als Recht an der Sache kein Recht gegen einen Dritten ist, ebensowenig wie das Erbrecht, das Recht auf die Nachfolge und an dem Nachlaß; da endlich bei Obligationen der Gedanke des Nichtgebrauchs regelmäßig nicht anwendbar erscheint. Durch Nichtgebrauch erlöschen also nur Dienstbarkeiten und denselben verwandte Rechte an fremden Grundstücken wie Jagd- und Fischereirecht, Rechte auf wiederkehrende Leistungen und andere Reallasten, an welchen ein Rechtsbesitz möglich ist (Pfersche, Sachenrecht I, S. 247).

Die Nichtausübung solcher Rechte beseitigt zunächst nicht einmal den Besitzschutz derselben (§ 351); aber sie hebt das ganze Recht auf, wenn sie durch 30 Jahre, oder gegenüber begünstigten Personen 40 Jahre gedauert hat. Die Frist beginnt hier mit dem Unterbleiben einer möglichen Rechtsausübung, während die Verletzung des Rechtes und die Möglichkeit der Klageanstellung irrelevant bleibt. Ist das Recht in seiner Ausübung an besondere, nicht regelmäßig eintretende Umstände gebunden, so erlischt es erst, wenn innerhalb von mindestens 30 Jahren von drei solchen Anlässen kein Gebrauch gemacht worden ist (§ 1484); die Frist kann sich dadurch verlängern.

Der Lauf der Frist wird unterbrochen durch Ausübung des Rechtes, ebenso durch Anerkennung seitens des Gegners, während die Klageerhebung als solche ohne Bedeutung ist. Die Hemmung der Frist erfolgt wie bei der Klagenverjährung (§ 1496).

Bei Servituten ist der Fall, daß die Nichtausübung derselben durch Eigenmacht des Gegners veranlaßt wird, besonders normiert (§ 1488); es liegt hier ein qualifizierter Fall des Nichtgebrauches vor, da hier sogleich auch der Rechtsbesitz verloren geht. In diesem Falle erlischt die Dienstbarkeit in drei Jahren. Wie schon oben erwähnt, schließt dieser Fall zugleich eine Klagenverjährung in sich, nur mit der Besonderheit, daß die Ausübung des Rechtes dasselbe dauernd erhält.

§ 40. Sonstige Rechtsaufhebung durch Zeitablauf.

I. Manche Rechte sind von vornherein durch gesetzliche Regel oder durch Bestimmung der Parteien an eine, sei es feste, sei es durch spätere Umstände zu bestimmende, zeitliche Grenze gebunden. Solche zeitlich beschränkte Rechte erlöschen mit Eintritt ihrer Zeitgrenze ohne eine weitere Voraussetzung und ohne daß eine Hemmung oder Unterbrechung der Frist, wie bei der Verjährung, in Betracht käme; hierher gehören Autorrechte, Patentrechte, die auf Lebenszeit verliehene Nutznießung (§ 529), das Recht des Mannes an der Mitgift (§ 1229), die Alimentation der Witwe (§ 1243), der Witwengehalt (§ 1242).

Der Zeitablauf, der für den einen ein neues Recht begründet, kann zugleich das entsprechende Recht eines anderen aufheben, so die Ersitzung und die Verschweigung des Eigentums. Doch ist in diesen Fällen die aufhebende Wirkung des Zeitablaufes nicht als eine besondere rechtliche Erscheinung neben der rechtsbegründenden Wirkung zu besprechen.

II. In unzähligen Fällen ist die wirksame Vornahme von Rechtshandlungen an eine feste Frist gebunden, die Präklusivfrist, Ausschlußfrist genannt wird; wenn nun eine befristete Rechtshandlung als Bedingung für die Fortdauer eines Rechtes oder Anspruches festgesetzt ist, so kann der Ablauf der Frist eine Rechtsaufhebung auch hier zur Folge haben. Die zahlreichen Fälle dieser Art unterscheiden wir danach, welche Rechtshandlung als Bedingung gesetzt ist. Sie kann bestehen

a) in Anstellung der Klage, so in §§ 1111, 1321, 932 abGb.; § 63 aGrG., Besitzklagen, nach CPO. § 454 f.

b) in der Ausübung des Rechts, so beim Vorvertrag (§ 936), bei Ausübung des Vorkaufsrechtes (§ 1075) Verfolgung des Bienenschwarmes (§ 384); Baukonzession,

c) in einer anderen außergerichtlichen Handlung, so Anzeige des Ersatzanspruches (§§ 967, 982); Anzeige des versicherten Schadens (§ 1290); Einmahnung der verbürgten Schuld (§ 1367).

Während bei den Fällen unter b) und c) der Unterschied von der Verjährung zweifellos ist, zeigt sich bei den Fällen a) eine große Ähnlichkeit mit der Verjährung, so daß es in manchen Fällen fraglich ist, ob ein Verjährungsfall oder ein Fall einer Präklusivfrist anzunehmen sei. Als praktischer Unterschied beider Fälle ist hervorzuheben, daß bei der Präklusivfrist niemals von der Unterbrechung derselben und niemals von dem Wiederbeginn einer gleichen Frist die Rede sein kann. Ferner bleibt für die Präklusivfrist die bloße Anerkennung, die nicht etwa eine Aufhebung des Anspruches durch Rechtsgeschäfte (Anerkennung, Novation) enthält, bedeutungslos; auch die Klageanstellung innerhalb der Frist hat auf den Lauf der Frist keinen anderen Einfluß, als daß die angestellte Klage selbst erfolgreich durchgeführt werden kann. Endlich entfällt hier der Einfluß der Hemmungsgründe der Verjährung mit Ausnahme des Gerichtsstillstandes.

Ob die im Gesetz angeführten Fristen als präklusive oder als Verjährungsfristen anzusehen sind, ist im Gesetz selbst nicht angedeutet und vermutlich nicht einmal bedacht worden, muß vielmehr aus praktischen und legislativen Erwägungen bestimmt werden. So spricht die Erwägung, daß eine Verlängerung oder Wiederholung der Gewährleistungsfrist (§ 936) praktisch ganz unpassend erscheint, gegen ihre Natur als Verjährungsfrist. Dagegen kann als Argument für diese Ansicht nicht etwa angeführt werden, daß eine Verlängerung der Garantiefrist vertragsmäßig zulässig ist; denn die Frist ist nur für die gesetzliche Haftung, nicht für eine ausdrücklich vertragsmäßige bestimmt (Slg. N.F. 1550).

Die Entscheidung über die Natur der einzelnen gesetzlichen Fristen kann daher nur in dem speziellen Teil auf Grund besonderer Erwägungen erfolgen. Dies gilt auch für die Frist der Anfechtungsklagen (§ 1487), deren Natur als Verjährungsfrist zweifelhaft ist.

Auch die Detailfragen über die Behandlung der Ausschlußfristen sind nicht allgemein gleich und nicht immer so wie bei der Verjährung zu entscheiden. Die Ausschlußfrist beginnt nicht immer mit der Entstehung des Anspruchs, der Beginn ist vielmehr oft an besondere Umstände geknüpft (z. B. Rückgabe der früher schon beschädigten deponierten oder gemieteten Sache). Doch gilt überwiegend folgendes. Die Versäumung der Präklusivfristen muß gewöhnlich vom Geklagten eingewendet und bewiesen werden; auch sie können meist nicht von den Parteien verlängert werden. Die Erfüllung in Unkenntnis der Fristversäumung ist nicht revokabel, so wie bei der Verjährung nach § 1432.

Printed by Libri Plureos GmbH
in Hamburg, Germany